böhlau

Farid Hafez

FEINDBILD ISLAM

Über die Salonfähigkeit von Rassismus

BÖHLAU VERLAG WIEN KÖLN WEIMAR

Bibliografische Information der Deutschen Nationalbibliothek:
Die Deutsche Nationalbibliothek verzeichnet diese Publikation in der Deutschen Nationalbibliografie; detaillierte bibliografische Daten sind im Internet über http://dnb.d-nb.de abrufbar.

Lektorat: Jessica Paesch, Jena
Korrektorat: Rainer Landvogt, Hanau
Einbandgestaltung: Michael Haderer, Wien
Satz: Michael Rauscher, Wien
Druck und Bindung: Hubert & Co., Göttingen
Gedruckt auf chlor- und säurefrei gebleichtem Papier
Printed in the EU

Vandenhoeck & Ruprecht Verlage
www.vandenhoeck-ruprecht-verlage.com

ISBN 978-3-205-20783-2

Inhalt

Vorwort

Der Beginn meiner Beschäftigung mit dem ›Feindbild Islam‹ geht auf die Endphase meiner formalen akademischen Ausbildung zurück. Als ich mich im Kontext der Antisemitismusforschung und der Diskursanalyse mit den ersten Wahlkampfkampagnen der rechten Freiheitlichen Partei Österreichs (FPÖ) ab dem Wiener Landtagswahlkampf im Jahr 2004 auseinandersetzte, konnte ich nicht ahnen, wie sehr die Dynamik der Islamfeindlichkeit bzw. des antimuslimischen Rassismus noch an Kraft gewinnen würde. Zeitgleich zu meiner Beschäftigung mit diesem Phänomen kam es auch auf globaler Ebene in akademischen Kreisen zu einer stärkeren Auseinandersetzung damit. Insbesondere im englischsprachigen Raum lief und läuft diese größtenteils unter dem Begriff ›Islamophobie‹. Als ich hierzu 2009 gemeinsam mit John Bunzl den ersten Sammelband für Österreich herausgab, begannen auch in Deutschland immer mehr Personen umfassendere Werke zu dieser Thematik zu publizieren. Das gestiegene akademische Interesse mündete auch in dem von mir erstmals 2010 veröffentlichten *Jahrbuch für Islamophobieforschung*. Vor dem Hintergrund einer zunehmenden Problematisierung von Musliminnen und Muslimen im öffentlichen Diskurs schien ein Projekt der systematischen Behandlung dieses Themas von zentraler Bedeutung für eine grundlegende kritische Auseinandersetzung damit. 2012 folgte unabhängig davon die Gründung des *Islamophobia Studies Journal* an der University of California, Berkeley. Die akademischen Konferenzen, Beiträge in Fachzeitschriften und Publikationen zu diesem Themenkomplex sind zwischenzeitlich so zahlreich, dass für einen besseren Überblick kommentierte Bibliografien veröffentlicht werden.[1] Die stärkere akademische Beschäftigung damit hat jedoch nicht dazu geführt, dass das Phänomen an Relevanz verloren hätte. Im Gegenteil, selbst der weniger subtile, offensichtliche antimuslimische Rassismus ist immer salonfähiger geworden. Heute haben wir den Präsidenten der letzten verbliebenen Supermacht, der im Fernsehen unverblümt und unmissverständlich meint: »Der Islam hasst uns.«[2] Dass eine solche Aussage möglich ist, hat nicht nur mit Donald Trump und seinem neuen politischen Stil zu tun. Es ist vielmehr Abbild einer Entwicklung, die global, in einer langen Geschichte des Weltsystems verankert ist und die man gegenwärtig auch in den deutschsprachigen Ländern beobachten kann. Wenn der Geschäftsführer einer – nominell nicht rechtspopulistischen – Regierungspartei wie der Österreichischen Volkspartei (ÖVP) vorschlägt, dass das Fasten im Monat Ramadan für SchülerInnen zu verbieten sei,[3] ohne dass es hörbaren Aufschrei dagegen gibt, sollten die Alarmglocken läuten. Derartige Regulationen erinnern am ehesten noch an die Volksrepublik China, die für die Behandlung ihrer religiösen Minderheiten mehr Kritik als Ruhm erntet. Dass abseits der großen Aufmärsche – wie jenen von Pegida (den Patriotischen Europäern gegen die Islamisierung des Abendlandes) oder den jährlichen zum Unabhängigkeitstag in Warschau – hetzerische Schriften wie die von Thilo Sarrazin in den Jahren 2010 und 2011 21 Wochen lang auf dem Platz 1 der *Spiegel*-Bestsellerliste waren und von weiten Teilen der Bevölkerung gelesen werden, spricht ebenfalls Bände hinsichtlich der Salonfähigkeit eines Rassismus, der oftmals nicht einmal als solcher erkannt und anerkannt wird. Es scheint, als gäbe es heute eine tatsächliche ›muslimische Frage‹.

Und auch an folgendes Muster rassistischen Denkens sollte erinnert werden: Was seinerzeit als ›jüdische Frage‹ bezeichnet wurde, war weniger eine ›jüdische‹ als eine ›antisemitische Frage‹, wie AntisemitismusforscherInnen zu Beginn des 20. Jahrhunderts und noch mehr in der Zeit unmittelbar nach dem Holocaust festgestellt haben.[4] Zur der Zeit, als das ›Jüdische‹ in den europäischen Gesellschaften vielfach thematisiert wurde, schien die Formulierung dieser Frage vielen jedoch legitim. Ebenso verhielt es sich mit der sogenannten ›Rassenfrage‹ in den USA. James Baldwin meinte hierzu treffend, dass nicht der Schwarze das Problem sei, sondern der Weiße, der die Figur des Schwarzen erfunden habe und der sich die Frage stellen müsse, warum er diese Figur so sehr brauche.[5] Aber die ›Rassenfrage‹ wurde in einer von Weißen dominierten Gesellschaft als wichtige Frage angesehen. Und heute wird die ›muslimische Frage‹ zu einer wichtigen gesellschaftlichen Frage erhoben.[6]

Dieses Buch will einer breiten Leserschaft Ansätze präsentieren, die diese Fragestellung kritisch betrachten und auch Antworten auf die Frage geben, woher dieses Feindbild ›Islam‹ stammt. Anders gesagt: Was sind die Ursachen für antimuslimischen Rassismus? Welche Diskurse gibt es dazu? Wie äußert sich Islamophobie konkret in unserer Welt? Was sind zentrale Funktionen von Islamfeindlichkeit? Da sich dieses Einführungswerk an eine deutschsprachige Leserschaft richtet, diskutiere ich auch das Verhältnis von Antisemitismus und Islamophobie. Schließlich ist der antijüdische Rassismus im deutschsprachigen Raum umfassender untersucht worden als jede andere Form von Rassismus. Im letzten Kapitel werden überblicksmäßig mögliche Gegenstrategien aufgezeigt, um antimuslimischen Rassismus zu überwinden.

Wien, im Januar 2019

Prolog: Worüber wir (nicht) sprechen

Islamophobie, Islamfeindlichkeit, antimuslimischer Rassismus – drei Begriffe, die oftmals synonym verwendet werden, um ein Phänomen zu benennen, dessen rasante Verbreitung wir in den letzten Jahrzehnten beobachten konnten. Sosehr diese Termini auch Eingang in unseren Sprachgebrauch gefunden haben – Islamophobie im angloamerikanischen, Islamfeindlichkeit im deutschsprachigen Raum und antimuslimischer Rassismus in akademischen Debatten –, gilt gleichzeitig aber auch, dass sie oft unterschiedlich verwendet werden.[7] Im Folgenden werde ich diese Begriffe synonym verstehen. Aus diesem Grund wird einführend vorausgeschickt, worum es hier nicht gehen soll.

Terminologien, und damit die Bezeichnung von Phänomenen, erschließen sich nicht allein dadurch, dass man erklärt, was sie bedeuten. Die Begriffsbedeutung erschließt sich vielmehr auch durch das, was die Begriffe *nicht* bezeichnen, d.h. durch die Bestimmung ihrer Grenzen. Ich beginne deswegen damit zu zeigen, was ich nicht meine, wenn ich über Islamfeindlichkeit, Islamophobie oder antimuslimischen Rassismus spreche, um genau herauszuarbeiten, von welcher Bedeutung ich ausgehe. Diesem Anliegen folge ich ohnehin über weite Strecken des Buches.

Worüber wir nicht sprechen

Eine wichtige Vorbemerkung gilt der Bedeutung der Begriffe Islam und MuslimInnen im Zusammenhang mit dem Phänomen der Islamophobie. Vergegenwärtigen wir uns viele der Debatten, die heute in der Öffentlichkeit geführt werden, so werden wir immer wieder feststellen, dass im Zusammenhang mit dem sogenannten ›Islam‹ und den sogenannten ›MuslimInnen‹ nur über scheinbar reale ›Probleme‹ gesprochen wird. Die Debatten reichen von der behaupteten Unverträglichkeit des Islams mit der Demokratie bis hin zur Gewaltaffinität des Islams. Gibt es eine Diskussion über Islamophobie, so wird schnell von den ›realen‹ Gefahren, die angeblich von dieser Religion bzw. ihren AnhängerInnen ausgehen, gesprochen. An dieser Stelle ist eine erste Zäsur angebracht, mit der ich zurück in die Geschichte des letzten Jahrhunderts gehe.

Im Jahre 1946 antwortete der afroamerikanische Autor Richard Wright (1908–1960) auf die Frage eines Journalisten, was er über das ›Problem der Schwarzen‹ *(negro problem)* in den Vereinigten Staaten von Amerika denke, mit den Worten: »Es gibt kein schwarzes Problem in den USA, es gibt nur ein weißes Problem.«[8] Damit dreht Wright den Spieß um und verortet das ›Problem‹ nicht aufseiten der vordergründigen Opfer dieses rassistischen Verhältnisses, sondern auf der Seite der TäterInnen. Dies hatten vor dem Literaten schon andere getan. So meinte der Historiker Werner Jochmann, dass die seinerzeit diskutierte sogenannte ›jüdische Frage‹ in Wirklichkeit in Beziehung zu einer größeren Frage, nämlich der ›deutschen Frage‹, stehe.[9] Noch deutlicher machte dies davor schon der bekannte Philosoph und Vertreter des Existenzialismus, Jean-Paul Sartre, der in seinem 1948 erschienenen Werk *Betrachtungen zur Judenfrage. Psychoanalyse des Antisemitismus* treffend konstatierte: »Wenn es keinen Juden gäbe, der Antisemit würde ihn erfinden.«[10] Seiner Meinung nach schafft »nicht die Erfahrung den Begriff des Juden, sondern das Vorurteil fälscht die Erfahrung«.[11] Für Sartre ist also das, was die Vorstellung vom Judentum und von ›Jüdinnen und Juden‹ ausmacht, nicht an deren Sein abzulesen. Vielmehr bestimme die Vorstellung – in diesem Fall die Imagination der AntisemitInnen –, wie über das Jüdische gedacht werde. Das Bild vom Jüdischen sagt somit viel eher etwas über die AntisemitInnen aus, als dass es etwas über das Judentum und/oder die Jüdinnen und Juden aussagen würde. Die Umdeutung der ›antisemitischen Frage‹ in eine ›jüdische Frage‹ ist damit als eine Strategie der AntisemitInnen zu entlarven. In diesem Sinne meinte der schwedische Antisemitismusforscher Hugo L. Valentin:

> Die in jüdischen und nichtjüdischen Kreisen weit verbreitete Ansicht, dass Juden auf die eine oder andere Weise handeln hätten können oder dass die Juden den Antisemitismus möglicherweise hätten abwenden können, basiert auf einer Illusion. Denn nicht die Juden werden gehasst, sondern ein imaginäres Bild von ihnen, das mit der Realität verwechselt wird, und die tatsächlichen ›Fehler‹ der Juden spielen in der Sache eine sehr unwichtige Rolle. [...] Es ist keineswegs sicher, dass der Antisemitismus geschwächt würde, wenn die Juden ausschließlich aus Engeln in menschlicher Form bestehen würden.[12]

Auf die Islamophobie übertragen bedeutet dies, dass das reale Verhalten von MuslimInnen das Bild der Islamophoben nicht zu ändern vermag. Vielmehr müsste dieses Bild geändert werden, das aber von den Islamophoben selbst geschaffen wurde, um einen bestimmten Zweck zu erfüllen. Auf diese Zweckmäßigkeit wird im vierten Kapitel noch genauer eingegangen werden. Die zentrale Bedeutung, die damit aber jenen zukommt, die diese Bilder schaffen, soll noch einmal mit einem Zitat des afroamerikanischen Schriftstellers und kritischen Geistes James Baldwin hervorgehoben werden. Er meinte in einer Diskussion mit zwei führenden Kämpfern für die Gleichberechtigung von Schwarzen in den 1960er Jahren:

> Aber der Schwarze in diesem Land [...] die Zukunft des Schwarzen in diesem Land ist exakt so hell beziehungsweise so dunkel wie die Zukunft dieses Landes [...] Was weiße Menschen in diesem Land tun müssen, ist, in ihren eigenen Herzen herauszufinden, warum sie einen ›Nigger‹ brauchten. Denn ich bin kein Nigger. Ich bin ein Mensch. Aber wenn Sie denken, ich sei ein Nigger, dann bedeutet dies, dass Sie ihn brauchen [...] Ich bin hier nicht der Nigger, und Sie haben ihn erfunden. Sie, die weißen Leute, haben ihn erfunden und

> müssen deswegen herausfinden, warum dem so ist. Und die Zukunft dieses Landes hängt davon ab, ob sie dazu imstande sind, diese Frage zu stellen oder eben auch nicht.[13]

So wie gegenüber dem imaginierten Juden und der imaginierten Jüdin Vorurteile geschaffen wurden, um ihre Diskriminierung bis hin zur Vernichtung zu legitimieren, wurden auch Bilder, Imaginationen, über Schwarze erzeugt, um diese zu unterwerfen, sich ihrer zu bemächtigen, sie von Afrika in die Neue Welt zu verschiffen und dort bis zur Vernichtung auszubeuten, um aus ihrer Arbeitskraft Reichtum zu generieren. Die Figur des Juden und der Jüdin wie die Figur des/der Schwarzen gehören dabei genauso wie die Figur des/der MuslimIn in die Kategorie des Erfundenen.

Deswegen handelt dieses Buch auch nicht von ›dem Islam‹ oder ›den MuslimInnen‹, und es geht auch nicht darum, wie MuslimInnen ihre Religion leben oder eben nicht leben und warum sie das tun oder eben auch nicht. Es geht nicht um Kriege auf der internationalen Bühne und nicht darum, inwiefern das Diskursfeld Islam zu Zwecken der Mobilisierung genutzt wird. Das Buch sagt auch nicht, welche Interpretationen des Islams die besten wären. Es geht hier um etwas anderes. Es geht um den Rassismus, der die Figur des Muslims in den Blick genommen hat und sich an dieser in mannigfaltiger Art abarbeitet.

Worüber wir sprechen

Zu behaupten, dass die erwähnten Figuren – Juden/Jüdinnen, Schwarze, Muslime/Musliminnen – imaginierte Figuren sind, bedeutet jedoch nicht, dass die entsprechenden Imaginationen nicht gleichzeitig auch an Fakten anknüpften. Wären die Figuren völlig frei erfunden, würde es schwerer fallen, sie als glaubhaft darzustellen. Deswegen sind die Stereotype, die diesen Figuren angeheftet werden, tragfähiger, wenn sie partiell an die Realität anknüpfen. So knüpft etwa das antisemitische Stereotyp, Juden würden über das Bankwesen die Welt regieren, an existierende Familien mit jüdischem Hintergrund wie die Rothschilds oder die Rockefellers an, die im Bankwesen tätig waren. Dies bedeutet aber weder, dass das Gros der Jüdinnen und Juden an diesem Reichtum Teil hätte, noch ist es ein Beweis für eine ›Geheimregierung‹, wie sie von AntisemitInnen behauptet wird. Zudem muss die Frage aufgeworfen werden, welche Bedeutung das ›Jüdische‹ überhaupt für die ökonomische Position der entsprechenden Familien hat.

Das Gleiche gilt für jede andere Form des Rassismus, ob sie sich nun gegen Schwarze, MuslimInnen oder andere Gruppen wie die der Sinti und Roma richtet. All diesen Formen des Rassismus ist gemein, dass sie an reale Gegebenheiten anknüpfen, diese aber auf die gesamte Gruppe beziehen und zu einer charakteristischen Eigenschaft aller Angehörigen dieser Gruppe umdeuten. Nicht mehr das Individuum, sondern eine Gemeinschaftsidentität steht im Mittelpunkt der Imagination. Rassismus markiert Gruppen von Menschen und entindividualisiert sie. Auf diese Weise wird der oder die Einzelne auf eine aus mehreren allgemeinen Identitätsbausteinen bestehende Person reduziert. Politische Orientierungen, ökonomische Zwänge oder die psychische Verfasstheit werden außer Acht gelassen. Der Mensch wird auf seine Hautfarbe oder Religion reduziert und damit zu der von RassistInnen erschaffenen Figur. Die Religion wird zu dem Moment, dass das Handeln aller dieser Gruppe vermeintlich zugehörigen Personen erklären soll. Im Umkehrschluss wird jede Abweichung vom Vorurteil als Ausnahme gedeutet und bedeutet nichts anderes als eine Bestätigung und weitere Stabilisierung des Vorurteils.

Zur Verdeutlichung seien ein historisches und ein aktuelles Beispiel erwähnt. Adolf Hitler hat über den Hausarzt seiner Mutter, Eduard Bloch, einmal gesagt: »Ja der ist eine Ausnahme, das ist ein Edeljude; wenn alle Juden so wären, würde es keine Judenfrage geben.«[14] Bloch war Jude, aber für Hitler war er nicht primär Jude. Vordergründig war Bloch für Hitler Arzt, der Arzt seiner Mutter. Weil er aber doch zugleich auch Jude war und seine Qualitäten den rassistischen Theorien Hitlers widersprachen, stellte er für Hitler eine Ausnahme vom Stereotyp der Figur des Jüdischen dar. Diese reale Erfahrung mit einem Juden brachte Hitler nicht dazu, sein Bild zu korrigieren, denn sein Vorurteil stabilisierte sich mithilfe dieser ›Ausnahmen‹ nur weiter. MuslimInnen kennen diesen Vorgang. Wenn ich heute in einer Veranstaltung einem mehrheitlich muslimischen Publikum die Frage stelle, wer schon einmal Sätze gehört hat wie »Wenn alle MuslimInnen so wären wie du …« oder »Du bist anders als alle anderen MuslimInnen«, dann melden sich durchschnittlich 90 % der Zuhörenden. Oft begreifen jene, die solche Sätze äußern, nicht einmal, dass sie eine vorurteilsbeladene verallgemeinernde Aussage treffen, die – obwohl gut gemeint – nichts anderes offenbart als ihr Vorurteil.

Des Weiteren zeigen empirische Befunde, dass die Ablehnung von MuslimInnen in jenen Regionen am höchsten ist, in denen die wenigsten von ihnen leben. Das ist auch das Ergebnis von europäischen Vergleichen, wie z.B. der Studie von Chatham House oder der des Pew Research Center. Erstere zeigt, dass in den Ländern mit den wenigsten MuslimInnen die Ablehnung vom MigrantInnen aus muslimischen Ländern am höchsten ist. 71 % der Befragten in Polen und 62 % der Befragten in Ungarn folgen dieser Einstellung.[15]

Wenn wir über Islamfeindlichkeit sprechen, dann sprechen wir also nicht über ›den Islam‹ oder ›die MuslimInnen‹. Wir sprechen in erster Linie über die Bilder der Islamophoben von ›MuslimInnen‹. Wir sprechen über die Markierung einer Gruppe von Menschen, ihre Reduktion auf ein einziges scheinbares ›Merkmal‹, nämlich das MuslimInsein. Dieses ›Muslimische‹ wiederum wird auf bestimmte negative Stereotype reduziert und einem Prozess der Generalisierung unterzogen.

Wichtiger noch: Wie jede andere Form des Rassismus dient auch dies dem Erlangen, der Stabilisierung sowie der Ausweitung von Macht im weitesten Sinne. Macht ist ein zentraler Faktor in der Erklärung islamophober Diskurse und Politiken. In Europa verfolgen viele Oppositionsparteien – insbesondere im rechten Lager – Wahlkampfstrategien, die auf Islamophobie setzen, um an die Macht zu kommen. Gleichzeitig sind es auch Regierungsparteien – insbesondere nominell im Mitte-rechts-Spektrum angesiedelte –, die sich islamophober Diskurse bedienen, um ihre Machtposition zu stabilisieren. Zudem hilft die Umsetzung islamophober Politiken der Ausweitung von Macht. So ist die Regulierung der privaten Lebensführung, wie etwa im Falle des Kopftuchverbotes, ein erster Schritt, mit dem der Staat in den privaten Bereich eindringt. Ein solches Eindringen eröffnet immer auch die Möglichkeit, Politiken mit ähnlicher Logik auf andere Bevölkerungsgruppen auszuweiten, und ermöglicht den AkteurInnen in den Machtpositionen, ihren Einfluss zu erweitern. Insofern ist islamophobe Politik nicht als eine Politik gegen MuslimInnen allein zu sehen. Sie richtet sich in ihrer zugrunde liegenden Logik gegen die gesamte Gesellschaft, weil sie überhaupt erst Eingriffe vonseiten staatlicher Behörden ermöglicht.

Die mit Machtressourcen ausgestatteten Personen werden im Gegensatz zu den als Sündenböcken markierten MuslimInnen oftmals weniger benannt. Diese Position wird in der Forschung zur Critical Whiteness (oft als Kritische Weißseinsforschung übersetzt) »Weiße Position« genannt. Damit werden AkteurInnen verortet, die keiner weiteren Benennung unterzogen werden, weil sie diejenigen sind, die andere benennen, die aber in bestimmten Kontexten Dominanz ausüben. Da sie eine unmarkierte Position innehaben, gelten sie als privilegiert.[16] Weiße Positionen zu benennen soll die Unsichtbarkeit der Machtpositionen beenden und den Fokus weg von den marginalisierten ›Anderen‹, Schwarzen oder MuslimInnen, hin zu den zentralen Akteuren lenken. Weiß-, Schwarz- und Muslimsein werden in diesem Zusammenhang nicht als biologische oder kulturelle Kategorien verstanden, sondern als konstruierte Kategorien, mit deren Hilfe der Blick auf Machtverhältnisse geschärft werden soll. Es geht um die ideologische Konstruktion von ›Hautfarben‹,[17] Religion oder Kultur, die der Stabilisierung von Machtverhältnissen dient.

Diese Vorbemerkung ist wichtig, bevor dem Ursprung und der Popularisierung des Begriffs, der kritischen Debatte über sowie den AkteurInnen von Islamophobie auf den Grund gegangen wird. Später wird auch auf problematische Punkte dieser Debatte, etwa die Frage nach dem Verhältnis von Islamophobie und Kritik am Islam bzw. MuslimInnen, eingegangen werden.

Islamophobie: Herkunft eines Begriffs und Popularisierung eines Konzeptes

Ein Wort, viele Geschichten

Tatsächlich ist der Begriff Islamophobie älter, als allgemein angenommen wird. Eine der frühesten Verwendungen geht auf den französischsprachigen Raum zurück, wo der Begriff 1910 im Zusammenhang mit der französischen Kolonisierung zur Beschreibung der vorurteilsbeladenen Einstellung der Kolonisatoren gegenüber der algerischen Bevölkerung und ihrer Religion verwendet wurde.[18] ›Islamophobie‹ wurde somit sehr früh von verschiedenen französischen Schriftstellern und Denkern verwendet. So benutzten beispielsweise der französische Maler Étienne Dinet und sein algerischer Ko-Autor Sliman Ben Ibrahim den Begriff in ihrer Muhammad-Biografie zur Bezeichnung der absichtlichen Falschdarstellung des Islams durch Orientalisten, die darauf abzielte, der islamischen Religion Schaden zuzufügen.[19]

Im englischsprachigen Raum, so das Oxford English Dictionary, wurde der Begriff erstmals im Jahre 1923 in der Zeitschrift *The Journal of Theological Studies* verwendet.[20] Der Kulturwissenschaftler und Autor des berühmten Werkes *Orientalismus*, Edward Said, benutzte den Begriff im Jahre 1985 zum ersten Mal in der akademischen Zeitschrift *Race and Class*.[21] Der *Boston Globe* verwendete als erste US-amerikanische Zeitung den Begriff im Jahre 1995. Dort findet sich ein Artikel von Elizabeth Neuffer mit der Überschrift: »Islamophobia in Europe Fuels Tensions, Isolation«.[22]

Diesen vereinzelten und seltenen Verwendungen folgte eine Phase der Popularisierung. Weite Verbreitung erhielt der Begriff im Zuge eines Berichts der antirassistischen britischen Denkfabrik *Runnymede Trust*. 1997 wurde von einer Kommission, bestehend aus AkademikerInnen und VertreterInnen der muslimischen Zivilgesellschaft, der Bericht *Islamophobia – A Challenge for us all* herausgegeben. Die Wahl des Begriffs begründeten die Autoren damit, dass sich MuslimInnen in Großbritannien mit einem besonders gegen sie gerichteten Rassismus konfrontiert sähen. Um diesem Umstand gesellschaftlich Rechnung zu tragen, solle mit dem Begriff Islamophobie die besondere antimuslimische Dimension von Rassismus benannt werden.[23] Gleichzeitig ist für Großbritannien zu beachten, dass hier die Kategorie Rasse, die im deutschsprachigen Raum nicht als eigenständige Kategorie zur Erfassung von Menschengruppen verwendet wird, nicht auch die Religion umfasste. Der damals in Kraft befindliche *Race Relations Act* von 1976, ein Antidiskriminierungsgesetz, erstreckte sich auf ethnische Diskriminierung, nicht aber auf Diskriminierung aufgrund der Religion. Politisch war es daher ein Ausdruck des gewachsenen Problembewusstseins aufseiten der MuslimInnen, mit dem Begriff der Islamophobie einem bisher nicht ausreichend wahrgenommenen Phänomen sprachlich Ausdruck zu verleihen. Die breite Rezeption des Berichts führte im Weiteren zu einer Popularisierung des Begriffs Islamophobie. 20 Jahre nach der Einführung des Islamophobiebegriffs durch den *Runnymede Trust* im akademischen Raum wurde ein Folgebericht erstellt: *Islamophobia: Still a challenge for us all* titelte die Denkfabrik nun[24] und revidierte das von ihr eingeführte Islamophobie-Konzept, welches in der akademischen Landschaft einige Debatten ausgelöst hatte. Islamophobie sei, so der Bericht nun, eine Form von Rassismus.[25] Auch hierauf gab es Reaktionen wie etwa von Salman Sayyid und AbdoolKarim Vakil, die diese Stoßrichtung zwar begrüßten, gleichzeitig aber auch kritisch im Forum des *Islamophobia Research and Documentation Project* (IRDP) der University of California, Berkeley weiterdiskutierten.[26]

Zunehmend fand der Begriff auch in internationalen Organisationen Akzeptanz. Das *European Monitoring Centre on Racism and Xenophobia* (EUMC), welches heute als FRA *(Fundamental Rights Agency)* bekannt ist und die wichtigste Stelle der EU für die Thematisierung von Menschenrechtsverletzungen darstellt, veröffentlichte 2002 den Bericht *Summary Report on Islamophobia in the EU after 11 September 2001.*[27] Im Jahr 2004 folgte eine Konferenz der Vereinten Nationen mit dem Titel *Confronting Islamophobia*, in deren Rahmen Generalsekretär Kofi Annan davon sprach, dass der zunehmenden fanatischen Abneigung gegenüber dem Islam entgegenzutreten sei.[28] Ein 2006 herausgegebener Bericht der EUMC trug den Titel *MuslimInnen in der Europäischen Union. Diskriminierung und Islamophobie*[29]. Seit 2007 gibt auch die Organisation of Islamic Cooperation, die 57 Mitgliedstaaten umfasst, einen jährlichen Islamophobiebeobachtungsbericht[30] heraus. Seit dem Jahr 2016 publizieren der Politikwissenschaftler Enes Bayrakli und ich jährlich einen Europäischen Islamophobiebericht, den *European Islamophobia Report*[31], in dem zuletzt mehr als 40 AutorInnen insgesamt 33 europäische Länder untersucht haben. Zudem ist auf EU-Ebene der 21. September der offizielle *European Day Against Islamophobia*.

Die zunehmende Akzeptanz des Begriffes aufgrund der Publikationen von anerkannten Einrichtungen führte auch zu seiner Popularisierung im öffentlichen Sprachgebrauch. 2010 titelte das Magazin *Time* »Is America Islamophobic?«[32]. In der Titelgeschichte ging es um den Widerstand bzw. die Proteste gegen die Planung von Moscheebauten, die der Kontroverse um das Projekt Park51 Islamic Cultural Center in Manhattan folgten, das unter dem Namen ›Ground Zero Mosque‹ bekannt wurde.[33] In den USA fand der Begriff zunehmend durch PolitikerInnen und andere Persönlichkeiten des öffentlichen Lebens Verwendung. Außenminister John Kerry meinte 2015 nach den terroristischen Übergriffen auf *Charlie Hebdo* auf dem World Economic Forum: »Es gibt keinen Platz für sektiererische Entzweiung. Es gibt keinen Platz für Antisemitismus oder Islamophobie."[34] 2017 sprach der Bundespräsident der Republik Österreich im Zusammenhang mit der Diskriminierung von Frauen in der Öffentlichkeit ebenfalls von zunehmender Islamophobie.[35] Dennoch gilt, dass die Verwendung im deutschsprachigen Raum eher die Ausnahme als die Regel darstellt, denn hier wird häufiger der Begriff der Islamfeindlichkeit benutzt. In akademischen Kreisen wird zudem der Begriff des antimuslimischen Rassismus gebraucht, und selbst jene AutorInnen, die von Islamophobie sprechen, verstehen den Begriff als Rassismus, wie nicht zuletzt der 2018 veröffentlichte Bericht des *Runnymede Report* zeigt. Dass das ein Trend ist, der, von der akademischen Debatte ausgehend, immer mehr auch Einfluss auf politische Sphären hat, zeigt die Initiative der britischen *All-Party Parliamentary Group (APPG) on British Muslims*, die 2018 in ihrer Publikation *Islamophobia Defined – The inquiry into a working definition of Islamophobia*[36] Islamophobie im Wesentlichen ebenfalls als antimuslimischen Rassismus qualifiziert hat.

Politische Debatten: Kampfbegriff oder legitime Benennung?

Anders als im angelsächsischen Raum, wo der Begriff Islamphobie seit 1997 durch den Bericht des *Runnymede Trust* populär wurde und seitdem als übliche Bezeichnung für Rassismus gegen MuslimInnen benutzt wird, ist er im deutschsprachigen Raum weniger gängig. So ist zwar in der akademischen Welt mit dem *Islamophobia Studies Journal*, dem *Jahrbuch für Islamophobieforschung,* eine deutliche Tendenz in Richtung Anerkennung des Begriffs zu beobachten. Im deutschsprachigen Raum findet seit 2014 alle zwei Jahre eine Islamophobie-Konferenz statt (2014 an der Universität Salzburg, 2016 an der Schweizer Universität Fribourg und 2018 gemeinsam mit der Humboldt-Universität zu Berlin und der Alice Salomon Hochschule im Jüdischen Museum Berlin). Abseits der akademischen Welt gilt diese Akzeptanz jedoch nicht für die deutschsprachige mediale Öffentlichkeit.

In Deutschland stellte das Attentat von Anders Behring Breivik am 22. Juli 2011 einen Einschnitt dar, der dem Begriff der Islamophobie zur stärkeren Verbreitung verhalf. Die Berichterstattung rund um die Ermordung einer muslimischen Frau am 1. Juli 2009 dagegen blendete die islamfeindliche Motivation deutlich aus. Die Analyse von Iman Attia und Yasemin Shooman hat gezeigt, dass der Mord durch einen Rechtsextremisten, der sein schwangeres Opfer als ›Islamistin‹ und ›Terroristin‹ beschimpft hatte, in den Medien als tragischer Mord in einem Gerichtssaal bezeichnet und verharmlost wurde. Sowohl die etablierten Medien als auch die Politik blendeten die antimuslimische Dimension der Tat weitgehend aus.[37] 2015 wurde das Datum der Ermordung deshalb vom Rat muslimischer Studierender & Akademiker (RAMSA) in Deutschland zum Tag gegen antimuslimischen Rassismus gewählt.

Dennoch weigern sich viele, den Begriff Islamophobie anzuerkennen, wobei die Abwehr gegenüber dem Begriff zum Teil einer islamophoben Haltung selbst geschuldet ist. Das gilt vor allem im deutschsprachigen Raum, wenn der Begriff der »Islamkritik« ins Feld geführt und gleichzeitig behauptet wird, dass die Grenze zwischen berechtigter Kritik an rassistischen Einstellungen gegenüber MuslimInnen auf der einen und berechtigter Kritik am Islam auf der anderen Seite von VertreterInnen des Islamophobie-Begriffs willentlich verwischt werde. Oft speist sich die Abwehr gegen diesen Begriff auch aus der Kritik an der semantischen Undeutlichkeit und es werden Alternativen wie »Muslimfeindlichkeit« präsentiert, um die Feindlichkeit gegenüber muslimischen Menschen in den Mittelpunkt zu stellen und nicht die gegenüber dem ›Islam‹ als Religion.

Beginnen wir mit dem zuletzt genannten Einwand: Im Falle des als Islamophobie bezeichneten Phänomens handle es sich nicht um eine Phobie im Sinne einer Angst, so die KritikerInnen des Begriffs. Vielmehr sei hier eine aktive Handlung auszumachen. Die Nähe zu Termini wie etwa Klaustrophobie (Platzangst, welche die Angst von Menschen in geschlossenen Räumen bezeichnet) sei abzulehnen.[38] Sosehr dieser – sprachliche – Einwand auch stimmen mag, so ist ihm aber entgegenzuhalten, dass andere Begriffe wie Antisemitismus, Homophobie oder Rassismus genauso – rein linguistisch betrachtet – ebenso irritierend sein können. So bezeichnet etwa Antisemitismus eben nicht die feindliche Einstellung gegenüber allem Semitischen, wie es der Begriff rein sprachlich ausdrückt. Schließlich würde er dann das Arabische als Teil des Semitischen umfassen. Ebenso wenig will der Begriff der Homophobie eine Angststörung, deren Auslöser LGBTQI-Personen sind, benennen, sondern eine systematische Diskriminierung dieser Personen. Dass es keine vergleichbare Opposition gegen den Begriff der Homophobie mit gleichen Argumenten gibt, ist vielsagend im Hinblick auf die KritikerInnen des Islamophobie-Begriffs. Auch der Begriff des Rassismus hat sich konzeptionell von jenem der Rasse als Seins-Kategorie gelöst.

Nun zurück zum ersten Einwand, wonach der Begriff Islamophobie die Grenze zwischen berechtigter Kritik am Islam als Religion oder an MuslimInnen als AkteurInnen und dem Rassismus gegen MuslimInnen verwische: Zum einen ist festzuhalten, dass der Begriff Islamkritik bereits einige Fragen aufwirft. So ist, vom Begriff Religionskritik ausgehend, zu fragen, weshalb der Islam eines eigenen Begriffs für die Kritik an dieser Religion bedürfe.

Gibt es eine Judentumskritik oder eine Christentumskritik? Nein, warum also braucht es eine Islamkritik? Von manchen wird zudem behauptet, Islamophobie sei gar ein Kampfbegriff, der von IslamistInnen eingeführt worden sei, um Schweigen über die Grausamkeiten ›des Islams‹ oder der ›MuslimInnen‹ zu legen. Es gilt hier wie für jeden anderen Begriff, dass er nicht von sich selbst aus agiert, sondern von AkteurInnen so benutzt wird, dass die Handlung – je nach Blickwinkel – im Sinne des Konzeptes hinter dem Begriff liegen oder einen Missbrauch darstellen kann. Islamfeindlichkeit oder Islamophobie zu kritisieren kann der Verteidigung des Menschenrechts auf Religionsfreiheit dienen. Doch die Möglichkeit des Missbrauchs ist weder für die Verwendung des Islamophobie-Begriffs ausgeschlossen noch für Verwendung eines von weiten Teilen der Gesellschaft geschätzten Begriffs wie Demokratie. Als die Vereinigten Staaten von Amerika, begründet durch teilweise falsche Behauptungen, in den Irak einmarschierten, um dort die »Demokratie zu verbreiten«,[39] diskreditierte dies in erster Linie die USA. Es kann daraus aber nicht geschlossen werden, dass damit der Begriff Demokratie seiner Legitimität beraubt wurde. Entsprechend offenbart sich in der Argumentation, nach der Islamophobie per se ein Kampfbegriff sei, im Umkehrschluss eine Ideologie, die eine differenzierte Sichtweise mit einem Scheinargument zu umgehen versucht.

Hinzuzufügen ist, dass in dezidiert islamfeindlichen Kreisen, wie etwa dem englischsprachigen Internetblog Gates of Vienna, eine positive Aneignung des Begriffes Islamophobie zu konstatieren ist. Dort werden Anstecker mit dem Slogan »Islamophobic and Proud of It« (Islamophob und stolz darauf) beworben.[40] Wie bei dem Begriff Antisemitismus, der ursprünglich als positive Selbstbezeichnung von politischen Parteien, wie etwa der 1879 gegründeten Antisemitenliga des deutschen Publizisten Wilhelm Marr, verwendet wurde, wird hier die Angst vor dem als böse imaginierten Islam als positive Selbstbezeichnung verwendet.

Weitaus wichtiger als die Semantik und die politische Debatte erscheint mir aber die akademische Auseinandersetzung mit dieser Thematik, bei der seit 1997 nicht wenig Tinte verbraucht wurde. Armin Muftic hat eine Bibliografie mit mehr als 5000 Titeln von Werken zur Islamophobie im weitesten Sinne zusammengestellt.[41] Und entsprechend unterschiedlich fallen die Antworten auf die Frage aus, *woher* die Islamophobie nun eigentlich kommt. Auch hier gibt es verschiedene – meist sich ergänzende – Ansätze, die im nächsten Kapitel thematisiert werden.

Ursprünge des antimuslimischen Rassismus

Das Feindbild Islam gibt es nicht erst seit dem 11. September 2001 als Reaktion auf die Anschläge der al-Qaida auf das World Trade Center. Es ist viel älter. Im Folgenden werden unterschiedliche – einander ergänzende – Faktoren aufgezeigt, die die Ursprünge des antimuslimischen Rassismus und seinen bleibenden Einfluss erklären.

Religiöse Stereotypisierung

Nach christlicher Zeitrechnung ist der Islam im 7. Jahrhundert entstanden. Die ersten antimuslimischen Stereotype über den Islam und seinen letzten Propheten, Muhammad, kamen bereits im 8. Jahrhundert auf. Demnach sei Muhammad der »Vorläufer des Antichristen«, ein »falscher Prophet«.[42] Mit dem Erstarken des Islams als politische Kraft wurde dessen Dominanz in jenen Gebieten, die heute Europa zugerechnet werden, verstärkt wahrgenommen und sowohl als politische als auch als theologische Konkurrenz betrachtet. Während muslimische Territorien zunächst im Mittelmeerraum angesiedelt waren, sollte insbesondere das Aufkommen des Osmanischen Reiches im 14. Jahrhundert als eine Gefahr für Europa gelten. Das Bild des Sarazenen wurde zu jenem des Türken. Beide wurden aber als Muslime wahrgenommen. Im 12. und 13. Jahrhundert wurde das Bild des muslimischen Anderen immer kohärenter. Das ›muslimische Andere‹ erschien als barbarisch, entartet und tyrannisch und wurde auf den Islam als eine häretische und falsche Religion zurückgeführt. Eine zentrale Figur bildete dabei der letzte Prophet des Islams, Muhammad. Er wurde als lüsterner und gewalttätiger Betrüger dargestellt.[43] Der Islam stand für eine Religion der Gewalt, für Polygamie, Sodomie und sexuelle Freizügigkeit. Die Herrschaft muslimischer Dynastien über das Heilige Land wurde als illegitim abgelehnt und als Beweis für die Aggressivität der MuslimInnen herangezogen.[44] Der Islam wurde zum Gegenteil des Christentums stilisiert. Bei der christlichen Mobilisierung gegen das Muslimische während der Kreuzzüge fällt aber zugleich auf, dass der Feind des Christentums nicht nur religiös gefasst wurde. MuslimInnen waren nicht nur häretisch und ungläubig, sondern sie waren zugleich auch Araber, Mohren, Türken, Sarazenen und damit Fremde.[45] Diese stereotypen Versatzstücke entfalteten sich aber nicht zu einer umfassenden Sicht auf das Muslimische. Selbst nach den Eroberungen der Iberischen Halbinsel im 8. und 9. Jahrhundert wird kein Bild des bösen Islams beschworen. Erst mit der Reconquista soll dies geschehen.[46] Die Kreuzzüge spielten jedoch eine wichtige Rolle für die Konstruktion eines Islambildes, das als negativer Gegenpol zum christlichen ›Wir‹ imaginiert wurde. Bereits davor existierte ein gewisser Manichäismus, der die Welt entzweite: gut/böse, rein/diabolisch, spirituell/körperlich und christlich/satanisch.[47] Dieser Manichäismus wurde auf den Islam als neue Religion angewendet.

Die von den Päpsten ausgerufenen Kreuzzüge waren bewaffnete Feldzüge gegen Heiden und gegen solche christlichen Gruppen, die als Feinde des Glaubens oder der Kirche betrachtet wurden.[48] Papst Urban II. soll beim ersten Kreuzzug im Jahre 1095 folgende Worte gesprochen haben:

> Bedrückende Nachrichten haben mich aus der Region Jerusalems erreicht. […] die Nachricht, dass das Volk des persischen Königreichs, ein fremdes Volk, eine Rasse, die Gott völlig fremd ist, eine Generation mit falschen Zielen, eines Geistes, der den Glauben an Gott gebrochen hat […] ist in ein christliches Gebiet eingedrungen und hat dieses Gebiet mit Plünderung, Feuer und dem Schwert verwüstet. […] Stehe auf und erinnere dich an die männlichen Taten deiner Vorfahren, die Tapferkeit und Größe Karls des Großen […] der die heidnischen Königreiche zerstörte und die heilige Kirche in ihren Territorien errichtete. Du solltest besonders erregt durch die

> Tatsache sein, dass das Heilige Grab des Herrn unseres Retters in den Händen dieser unreinen Menschen ist, die schamlos misshandeln und die heiligen Stätten auf gotteslästerliche Weise mit ihrem Schmutz beflecken.[49]

Die Darstellung eines negativen Islambildes zeigt sich auch in der Kreuzzugsliteratur, in welcher der Islam dämonisiert wird, MuslimInnen als Diener Satans gezeichnet werden und die Moschee zum Teufelshaus wird. Das in der Frühen Neuzeit entstehende Islambild im Zeichen der Türkengefahr zeigt sich etwa in den Werken von Martin Luther.[50] In einer Untersuchung der bis ins 19. Jahrhundert vorherrschenden Muhammad-Bilder zeigt Alberto Saviello, dass der Prophet seit jeher Sinnbild und Verkörperung all dessen war, was Europa über ›den Islam‹ gedacht hat.[51] Saviello hat 900 historische Publikationen, darunter 113 Muhammad-Bilder, systematisch untersucht. An den Darstellungen Mohammads als Personifikation des Islams im christlichen Europa ließen sich, so der Autor, die Vorstellungen von dieser Religion ablesen.[52] Besonders mit der Eroberung Konstantinopels im Jahre 1453 ist ein gesteigertes Interesse am Islam zu beobachten, das eine populärwissenschaftliche Auseinandersetzung mit dieser Konfession förderte. Mit dem frühen Buchdruck entstand die Figur des Muhammad als »Häretiker«, »Antichrist«, »Feldherr«, »Richter« und »Gesetzgeber«[53] bereits entlang vorhandener Bildtypen. Saviello zeigt, dass die Muhammad-Bilder nicht nur etwas über den Propheten aussagen, sondern auch rein innereuropäische Thematiken ansprechen, Muhammad damit als Projektionsfläche für ganz andere Konfliktfelder herhalten muss.[54] Gegen Ende des 16. Jahrhunderts nahm er die Gestalt der feindseligen Osmanen, eines Sultans oder Emirs, an. Im 17. Jahrhundert sollte in Kontinuität zur Figur des täuschenden Antichristen das Bild des Betrügers dominieren. Anfang des 17. Jahrhunderts überwogen Bilder, die die innere Welt des Propheten abzubilden versuchten. In der Aufklärung versuchte man aufgrund des wissenschaftlichen Anspruchs, auf europäische Muhammad-Bilder ganz zu verzichten und stattdessen Grafiken und Karten, etwa solche von Mekka, zu verwenden oder aber auf Muhammad-Bilder aus muslimischer Feder zurückzugreifen. Im Zuge der Herausbildung von Nationalstaaten wandelte sich das Bild des Propheten vom Tyrannen zum zivilisatorischen Fortschrittsbringer, vom Religionsbetrüger zum von der Natur inspirierten Gottessucher. Diese Wende erlaubte dann auch Anfang des 20. Jahrhunderts die Kommerzialisierung des Muhammad-Bildes.[55] Während Saviello in seiner Untersuchung deutlich macht, dass es keine einheitliche Darstellung des Propheten Muhammad gibt, können doch tendenziell negative und abwertende Darstellungen verzeichnet werden. Es gilt aber, dass der Prophet in jedem Jahrhundert unterschiedliche Gestalt annimmt.

Wenn das europäische Islambild im Mittelalter und der frühen Neuzeit auch differenziert und je nach konfessioneller Richtung (katholisch oder protestantisch) verschieden war, so gab es doch überkonfessionelle Gemeinsamkeiten im Islamdiskurs des 15. und 16. Jahrhunderts. Sie führen einerseits zu einem identitätspolitischen Gewinn für Europa und andererseits ermöglichten sie eine transkonfessionelle Mobilisierung mit Verweis auf eine christliche Identität.[56]

Dass die christlich tradierte Islamophobie heute noch eine Rolle spielt und alte Stereotype neu aufgeladen werden können, zeigt die Aussage der ehemaligen Nationalratsabgeordneten der rechten Freiheitlichen Partei Österreichs, Susanne Winter, die den letzten Propheten des Islams »Kinderschänder« nannte und ihm Epilepsie vorwarf.[57] Beides sind bereits im Mittelalter vorhandene Stereotype, die sich in der christlichen Literatur über das angeblich ausschweifende Sexualleben des letzten Propheten des Islams finden.[58]

1492 – Der Beginn einer neuen Welt

Die christlich geprägte Islamophobie, die das ›muslimische Andere‹ primär als religiöses ›Anderes‹ gedeutet hatte, wird aus Sicht der VertreterInnen der Weltsystemtheorie von Immanuel Wallerstein im Zusammenhang mit Rassismustheorien als Beginn einer umfassenden Neustrukturierung der globalen Ordnung in politischer, ökonomischer und sozialer Hinsicht verstanden. Mit dem Jahr 1492 kamen zwei wichtige Bewegungen in Gang. Einerseits wurde mit der Eroberung von Amerika durch die Europäer, der Versklavung von Menschen aus Afrika und ihrer damit einhergehenden transatlantischen Verschiffung eine neue ökonomische und rassische Ordnung hergestellt. Andererseits wurde mit der Reconquista, der Rückeroberung der Iberischen Halbinsel durch christliche Reiche, die 1492 endete und die die endgültige Vertreibung von jüdischen und muslimischen Gläubigen einleitete – so sie nicht konvertiert waren –, Europa als rein christlicher und weißer Kontinent verstanden. Diese zwei Bewegungen ermöglichten die Entwicklung hin zu einem globalen System, welches sich ab dem 16. Jahrhundert zu einer kapitalistischen Weltwirtschaft erweiterte. Bis dahin typische Produktionsweisen wie die Subsistenzwirtschaft in Europa wandelten sich zum ›modernen Weltsystem‹ der kapitalistischen Weltökonomie, die seither ihre globale Verbreitung findet. Gleichzeitig geht dieser Prozess mit der Vorherrschaft primär männlicher westeuropäischer politischer Mächte einher, die sich selbst als rassisch rein, weiß, christlich sowie anderen, als ›farbig‹ und ›ungläubig‹ titulierten, Bevölkerungsgruppen überlegen verstehen. Auch die Figur des Muslims spielt dabei eine nicht unbedeutende Rolle, denn das jüdische und muslimische ›Andere‹ wurde zur Selbstvergewisserung Europas als christlicher Kontinent herangezogen. So konnte man im ›Inneren Europas‹ die Legende vorfinden, wonach Jüdinnen und Juden zur Ausmerzung von ChristInnen Brunnen vergiften würden. Ein weniger bekannter Aspekt dieser Erzählung ist, dass die Jüdinnen und Juden dazu von MuslimInnen angestiftet worden seien.[59]

Diese VerAnderung *(othering)*, der Prozess des ›Anders‹-Machens, spielte aber auch nach der Reconquista noch eine Rolle.

Zurück zu den Amerikas nach 1492: Nachdem im Jahre 1501 die ersten versklavten AfrikanerInnen in die Neue Welt geschifft wurden, kam es im Jahre 1522 auf der Insel Hispaniola zum ersten bekannten SlavInnenaufstand. Da der Bedarf aber nicht mit Ladinos (christianisierten MuslimInnen aus Spanien) gesättigt werden konnte, kamen auch afrikanische MuslimInnen durch die spanische Kolonisation nach Amerika. Es gab jedoch auch immer wieder Proteste vonseiten des spanischen Herrscherhauses gegen den Import von versklavten MuslimInnen aus Afrika. Bereits im Jahr 1503 bat Nicholas de Ovando, Gouverneur von Hispaniola, um einen vollständigen Einfuhrstopp. Da der Aufstand im Jahre 1522 von 20 versklavten MuslimInnen gegen den auf Hispaniola herrschenden Sohn von Christopher Columbus – Admiral Don Diego Colón – durchgeführt wurde, erfolgte mit fast 20 Jahren Abstand auch hier ein Verbot der Verschiffung von muslimischen Versklavten. Auch wenn der Aufstand schnell niedergeschlagen werden konnte, ist festzuhalten, dass die spanische Krone danach die Einfuhr muslimischer SklavInnen aufgrund ihrer ›islamischen Neigungen‹ verbot.[60] Die Historikerin Sylviana Diouf zeichnete diese Geschichte in ihrem Buch *Servants of Allah. African Muslims Enslaved in the Americas* (1998) nach. Mehrere königliche Dekrete aus Spanien verboten die Einfuhr von versklavten Schwarzen aus mehrheitlich muslimisch bevölkerten Gegenden Afrikas. In den folgenden 50 Jahren wurden insgesamt fünf Dekrete erlassen.[61] So hieß es in einem königlichen Erlass von 1543, dass keine MuslimInnen in die spanischen Länder der Neuen Welt gebracht werden sollten, denn »in einem neuen Land wie diesem, wo der Glaube erst kürzlich gesät wurde, ist es nicht nötig, die Sekte des Mahomet oder irgendeine andere dort Verbreitung finden zu lassen«.[62] Aus diesem Grund sollten anfangs nur christianisierte versklavte Menschen aus Afrika in die Neue Welt verschifft werden. Diese Regelung war zwar auf die spanische Kolonisation beschränkt und erstreckte sich nicht auf französische oder britische Kolonien, sie verdeutlicht aber, dass selbst am Beginn der Expansion in die Neue Welt ein antimuslimisches Element zu finden ist.

Orientalismus

Mit der kolonialen Expansion europäischer Mächte und dem damit einhergehenden Rassismus, der zur Legitimation der Unterwerfung nichteuropäischer Völker diente, bedurfte es auch einer intellektuellen Rechtfertigung. Der Literatur- und Kulturwissenschaftler Edward Said präsentierte in seinem Opus magnum *Orientalismus* eine Untersuchung der Frage, wie der ›Orient‹ überhaupt entworfen wurde, und identifizierte die Orientalistik als Ursprung für akademische Lehrsätze und Theorien über den Orient und das Orientalische, die bis in unsere Zeit hinein wirken. Als Orientalismus beschreibt er »jene Denkweise, die sich auf eine ontologische und epistemologische Unterscheidung zwischen ›dem Orient‹ und (in den meisten Fällen zumindest) ›dem Okzident‹ stützt«.[63]

Orientalismus versteht Said als einen Diskurs im Foucault'schen Sinne, mithilfe dessen es »der europäischen Kultur in nachaufklärerischer Zeit gelang, den Orient gesellschaftlich, politisch, militärisch, ideologisch, wissenschaftlich und künstlerisch zu vereinnahmen – ja, sogar erst zu schaffen.«[64] Said will also ein hegemoniales Macht- und Herrschaftsverhältnis zwischen Okzident und Orient beschreiben.[65] Im Zentrum seiner Untersuchung steht demnach keine ›wahrheitsgemäße‹ Darstellung des Orients, um die sich die akademische Disziplin der Orientalistik bemüht. Vielmehr geht es ihm darum, den Orientalismus »in seiner Funktion als Symbol der europäisch-atlantischen Macht über den Orient«[66] zu begreifen. Orientalismus ist daher

> weder bloß ein politisches Thema oder Gebiet noch eine Ausgeburt kultureller, wissenschaftlicher und institutioneller Analysen, noch eine

> diffuse Ansammlung von Texten über den Orient, noch das Produkt eines ruchlosen Komplotts ›westlicher‹ Imperialisten zur Unterdrückung der ›orientalischen Welt‹, sondern ein besonderer Niederschlag geopolitischen Bewusstseins in ästhetischen, philosophischen, ökonomischen, soziologischen, historischen und philologischen Texten. In ihm manifestiert sich nicht bloß eine geographische Grundunterscheidung, namentlich die zwischen Orient und Okzident, sondern auch eine Reihe von ›Interessen‹, die er mithilfe wissenschaftlicher Forschung […] nicht nur erzeugt, sondern auch untermauert.[67]

Said untersucht dabei die britische, französische und amerikanische Wahrnehmung des Orients. Andere AutorInnen wie der Wiener Anthropologe Andre Gingrich haben dieses Konzept auf weitere politische Mächte wie etwa die Habsburgermonarchie übertragen, um seine Relevanz in einem anderen Kontext, der nicht von Überseekolonialmächten geprägt ist, herauszuarbeiten.[68] Said zeigt zwar auf, dass der Orientalismus kein historisches Relikt ist, aber er macht den Beginn des Orientalismus am Imperialismus, beginnend mit Napoleons Ägyptenfeldzug im Jahre 1798, fest.[69] Napoleon hatte damals WissenschaftlerInnen des 1795 gegründeten »Institut national des langues et civilisations orientales« auf seine Expeditionen mitgenommen, um sein koloniales Projekt zu unterstützen. Wie Said in seinem Vorwort von 2003 zeigt, ist diese Methode bis dato wirksam. Er verweist in diesem Zusammenhang auf Experten des Pentagons und des Nationalen Sicherheitsrates wie Bernard Lewis und Fouad Ajami, die den amerikanischen Hardlinern nach den Terroranschlägen vom 11. September 2001 halfen, mit ihren Theorien die US-Außenpolitik zu prägen. Sie essenzialisierten eine »arabische Mentalität«, die »Werte des Westens« und die des angenommenen Feindes im Osten und legitimierten damit auch die Invasion in muslimische Länder.[70]

Saids für die Kulturwissenschaft grundlegendes Werk inspirierte unzählige Studien, die sich – wie der Autor selbst – insbesondere mit der VerAnderung des Islams beschäftigt haben. Aufgrund der zentralen Bedeutung, die Said für die postkolonialen Studien zukam, wandten vermehrt auch WissenschaftlerInnen im Bereich der Rassismusforschung das Konzept des Orientalismus an. So gab Iman Attia 2007 einen Sammelband heraus, in dem sie die zunehmende Relevanz des Orientalismus (im Sinne Saids) in Deutschland thematisierte. Mit den »Wohlgerüchen des Orients«, dem »nach Knoblauch stinkenden Türken« und dem »erotischen Harems-Schleier« sowie der »unterdrückten Kopftuchtürkin«[71] zeigen verschiedene AutorInnen, wie Bilder und Gegenbilder des ›Orients‹ und des ›Islams‹, die seit Jahrhunderten überliefert werden, Teil des westeuropäischen Kulturgutes sind und mit Brüchen reproduziert werden. Attia konstatiert, dass diese Bilder insbesondere seit dem Ende des Kalten Krieges in den USA und Europa wieder relevant werden. Wichtiger noch: Sie legitimierten auch innenpolitische Entscheidungen und würden aufgrund des hegemonialen Diskurses von weiten Teilen der Bevölkerung geteilt.[72]

Das Ende des Kalten Krieges und die neue Welt(un)ordnung

Mit dem Ende des Kalten Krieges fiel der ›rote‹ Feind, die Sowjetunion, weg. Der ›grüne‹ Feind – der Islam – füllte diese Lücke nahtlos. Mit dem Zusammenbruch des Ost-West-Systems 1989/90 wurde die Frage der Selbstlegitimation aufgeworfen. Die Frage »Wer sind ›wir?‹« wurde in der einzigen verbliebenen Weltmacht, den USA, in doppelter Weise gestellt. Einmal innenpolitisch, als der Autor Samuel P. Huntington in seinem Buch *Who Are We?* (2004) die spanische Einwanderung als Bedrohung für die nationale Kohäsion schilderte.[73] Und einmal in einem internationalen Kontext, indem die von Huntington eingeführte Theorie des Kampfes der Kulturen, die er 1997 in Buchform darstellte,[74] die Welt neu erklärte. Der Islamwissenschaftler Reinhard Schulze fasst dies mit folgenden Worten zusammen:

> Fehlte nun das ›Andere‹ als Projektionsfläche für die faktische Antithese in der eigenen Gesellschaft, drohte ein Defizit, ja eine Lücke in der Beschreibung des ›Wir‹. Der Kuwait-Krieg, der propagandistisch schon seit Ende August 1990 geführt wurde, konnte innerhalb kürzester Zeit diese Lücke wieder schließen. Aus dem Osten wurde der Orient, aus dem Kommunismus der Islam, aus Stalin Saddam Hussein. Die Antithetik, die für den Westen bestimmend ist, wirkte nur noch radikaler.[75]

Folglich wurden jene jahrhundertealten Stereotype aktualisiert und verdichteten sich in den neuen politischen Gegenpolen. Der Islam diente der Essenzialisierung des ›Orients‹, er stand für Irrationalität, gegenaufklärerischen Fundamentalismus und wurde als Ideologie dargestellt, die Gesellschaft, Kultur, Staat und Politik der Staaten des ›Orients‹ beherrscht. Der Islam, so Schulze, wurde zum Gegen-Westen, zur Gegen-Moderne, ja zur Gegen-Zivilisation.[76]

Diese Theorie war nicht neu. Bereits der Islamwissenschaftler Bernard Lewis verfasste in den 1960er Jahren einen Artikel, in dem er die Theorie des Kampfes der Kulturen präsentierte, die er später in einem Buch ausführlicher darstellte.[77] Und noch vor Huntington veröffentlichte Lewis 1990 in *The Atlantic Monthly* einen Artikel mit dem Titel »The Roots of Muslim Rage«[78], welcher die Markierung eines islamischen Feindes bereits festschrieb. Popularisiert wurde dieser Teilaspekt aber durch Huntington, der schon zu Zeiten des Kalten Krieges ein bekannter Theoretiker in der US-Außenpolitik war und mit der Erstveröffentlichung eines Artikels[79] im Jahre 1993 zum Kampf der Kulturen in der einflussreichen Zeitschrift *Foreign Affairs* ideologisch die Lücke füllen konnte, welche der Zerfall der Sowjetunion hinterlassen hatte. Nach Huntington ist die westliche Zivilisation höherwertiger als andere. Menschenrechte, Demokratie und Rationalität seien westliche Güter, die den ›Werten‹ anderer Zivilisationen diametral gegenüberstünden.[80]

Diese Denkmuster erlaubten es den Vereinigten Staaten von Amerika, ihre wirtschaftliche, politische, kulturelle und wissenschaftliche Hegemonie auszubauen. So sagte der damalige Präsident der USA, George Bush senior, in seiner berühmt gewordenen Rede aus dem Jahre 1990, in welcher er eine neue Weltordnung heraufbeschwor:

> Vitale ökonomische Interessen stehen gleichfalls auf dem Spiel. Der Irak kontrolliert allein etwa zehn Prozent der bekannten Erdölreserven der Welt. […] Wir können nicht zulassen, dass eine so vitale Ressource von einem so Skrupellosen beherrscht wird. Und wir werden es nicht zulassen.[81]

Da die Intervention der US-geführten Koalition gegen den Irak mit dem Ende der Sowjetunion zusammenfiel, habe dieses militärische Vorgehen den USA die Rolle als Ordnungsmacht im Nahen und Mittleren Osten gesichert. Ein Memorandum mit der Bezeichnung *Project for a New American Century* (PNAC), das eine fundamentale Neuorientierung der US-Außenpolitik gefordert hatte, hätte nun umgesetzt werden können. Darin war die Rede vom *Greater Middle East* (zwischen Marrakesch und Bangladesch), der politisch transformiert werden sollte, indem man unter anderem Saddam Hussein (explizit bezeichnet als ›der Stalin unserer Tage‹) stürzte. Kern der Strategie war es, die Energiezufuhr zu kontrollieren.[82]

Um diesen Plan zu legitimieren und verfolgen zu können, bedienten sich die US-amerikanischen Eliten eines kulturellen und wissenschaftlichen Diskurses, der mit Theorien wie jener vom Kampf der Kulturen untermauert wurde. Obwohl die neuen sogenannten Schurkenstaaten wie der Irak die am stärksten säkularisierten Staaten der arabischen Welt darstellten, wurde Saddam Hussein zum Inbegriff des islamischen Diktators. Diese Ablösung des roten Feindes durch den grünen wurde sukzessive von den strategischen Partnern der USA übernommen. So findet sich bereits 1994 im französischen Verteidigungsweißbuch folgende

Passage: »Der islamistische Extremismus stellt ohne Frage die beunruhigendste Bedrohung dar. [...] Er nimmt oft den Platz ein, den der Kommunismus innehatte als Widerstandsform gegen die westliche Welt.«[83]

Während im Kalten Krieg vom Westen islamisch-konservative Bewegungen wie die saudischen Wahhabiten noch gefördert wurden, um als Gegengewicht zu sozialistischen Regimen und Bewegungen zu fungieren, oder aber, wie im Falle der afghanischen Mudschahedin, aus der Gegnerschaft zur Sowjetunion unterstützt wurden, änderte sich das nun. Dabei galten viele als ›islamisch‹ markierte politische Ordnungen wie das Königreich Saudi-Arabien als Alliierte der Vereinigten Staaten. US-Präsident Franklin Delano Roosevelt traf 1945 den saudischen König Abd al-Aziz ibn Saud und vertiefte die wirtschaftlichen Beziehungen, vor allem, um den USA das Erdöl des Königreichs zu sichern. Gleichzeitig pries die US-amerikanische Elite den saudischen König als wichtigsten Ansprechpartner in der islamischen Welt. Bis in die 1970er Jahre wurden Islamisten und islamisch markierte Regime, nicht nur in Saudi-Arabien, unterstützt, um einerseits den freien Zugang zu den Ölreserven zu garantieren und andererseits die Sowjetunion von diesen Ressourcen fernzuhalten. Die Islam-Doktrin von US-Präsident Eisenhower wollte den saudischen König als Gegenpol zum arabischen Sozialisten Gamal Abdel Nasser positionieren. Um Nassers Träume von einem panarabischen Reich zu zerstören und die Verstaatlichung der Ölreserven seitens des säkularen Regimes von Mohammad Mossadegh im Iran zu verhindern, wurden islamistische Kräfte und der Klerus gestärkt. In den 1970er Jahren änderte sich im Zuge der Iranischen Revolution diese Strategie, und fortan gab es zwei unterschiedliche Ansätze: Akkommodation und Konfrontation. Je nach politischem Interesse wurde mal die eine, mal die andere Strategie verfolgt. Bestanden die Allianzen mit islamisch markierten AkteurInnen, so wurde die religiöse Basis der US-amerikanischen (protestantischen) und der islamischen Gesellschaften dem Atheismus der Sowjetunion gegenübergestellt.

Waren islamisch markierte AkteureInnen in der Opposition, so wurde auf ihre (potenzielle) Allianz mit der Sowjetunion hingewiesen.[84] Spätestens mit dem 11. September 2001 und dem darauf folgenden Krieg gegen den Terror verfestigte sich das Bild des islamisch markierten Terrors als größter weltweiter Bedrohung. Der Verweis auf religiös motivierten Terrorismus erlaubte Invasionen wie jene in Afghanistan und in den Irak. Der 11. September galt zugleich als empirische Bestätigung und Krönung der Theorie des Kampfes der Kulturen und erlaubte, dieses Denken weiterzuverbreiten.

Mit der Ausrufung des Krieges gegen den Terror stellte George W. Bush als Präsident der USA die Welt vor die Entscheidung, entweder auf der einen oder auf der anderen Seite zu stehen, entweder mit den USA oder gegen sie zu sein, entweder auf der Seite des Guten oder auf der des Bösen zu stehen. Keine Gesellschaft und keine politische Ordnung blieb somit völlig unberührt von dieser neuen politischen Konstellation. Dies ermöglichte es nicht zuletzt auch in Westeuropa, den etwas anders gelagerten Diskurs über MuslimInnen, der eher von Debatten über Immigration und von ethno-nationalen Staatsbürgerschaftskonzepten geprägt ist sowie, primär innenpolitisch, von der Identitätspolitik der Neuen Rechten, zu verfestigen und ihm eine zusätzliche Komponente zu verleihen, jene des Terrors.

Das postfaschistische Europa und die Islamophobie in (West-)Europa

Mit dem Ende des Zweiten Weltkrieges hat sich insbesondere in (West-)Europa die Idee verfestigt, wir lebten in einer postrassischen Zeit.[85] Nach dem Ende des Holocaust mit seiner systematischen Vernichtung von sechs Millionen Jüdinnen und Juden kam es, wenn auch in Ländern wie Deutschland und vor allem in Österreich verspätet, zu einer Beschäftigung mit den Gräueln des Nationalsozialismus. Die Gedenkkultur hat sich dabei sehr auf den Holocaust beschränkt. Bezeichnend ist, dass die systematische Ermordung von Jüdinnen und Juden und die ihr vorausgehende antisemitische Mobilisierung kaum in einen größeren Zusammenhang gestellt werden. Astrid Messerschmidt spricht von einer postnationalsozialistischen Ära in Deutschland. Diese bestehe darin, dass eine Gedenkkultur geschaffen worden sei, in der der völkische Antisemitismus als singuläres Phänomen begriffen werde, wodurch die Beschäftigung mit Rassismus im heutigen Deutschland unterdrückt werde.[86] Antisemitismus wird demnach weitgehend nicht als Teil eines globalen Phänomens von Rassismus betrachtet, sondern abgekapselt als Sünde der Nationalsozialisten. Dass die Geschichte des völkischen Antisemitismus jedoch nicht nur den christlichen Antijudaismus als Vorgänger hat, veranschaulicht der Historiker James Q. Whitman, indem er aufweist, dass die Nürnberger Rassengesetze von den US-amerikanischen Rassengesetzen inspiriert worden sind.[87] Ebenso wäre etwa anzuführen, dass auch die Genozide in der deutschen Kolonialpolitik als Vorläufer des Rassismus auf deutschem Boden betrachtet werden können. Ulrike Hamann zeigt in ihrer Arbeit zu deutschen Kolonialregimen, wie Rassismus ein gesellschaftsprägendes Paradigma wurde.[88] Für die Rassismusforscherin Fatima El-Tayeb liegt in der Verneinung der Geschichte des Rassismus in Deutschland ein Grund dafür, dass Rassismus im heutigen Deutschland ebenfalls vielfach verneint wird.[89] In diesem Zusammenhang meint Fatima El-Tayeb, dass Europa sich heute

> als autonome Einheit versteht, die unversehrt von ›Rassefragen‹ ist, ein farbenblinder Kontinent, in dem Differenz entlang des nationalen und ethnischen ›Anderen‹ markiert wird, dem eine Position außerhalb der Nation zugesprochen wird.[90]

Dies erlaube die Externalisierung und damit das Schweigen über Rassismus und Kolonialismus. Im Zuge der Externalisierung von Kolonialismus werden auch postkoloniale Subjekte aus den Narrativen der europäischen Gegenwart herausgehalten.[91] Die zuvor dargelegte selektive Interpretation des völkischen Antisemitismus, der zum Holocaust geführt hat, sowie die unkritische Beschäftigung mit Rassismus bilden eine wichtige Folie, vor deren Hintergrund die Entwicklung wie auch der Umgang mit Islamophobie gesehen werden muss.

Für Kontinentaleuropa und insbesondere für die deutschsprachigen Länder ist zudem zu beachten, dass die Konstruktion nationaler Identität eher eng ist. Wie Untersuchungen zu Identitätskonstruktionen von Ruth Wodak und anderen gezeigt haben, ist der Begriff der Kulturnation etwa in Österreich sehr weit verbreitet.[92] Demnach sind »echte ÖsterreicherInnen« hellhäutig, schon seit Generationen im Land ansässig, sprechen ausgezeichnetes (österreichisches) Deutsch und grenzen sich gegen »andere« ab.[93] In Deutschland zeigt sich am Beispiel der Leitkulturdebatte, wie sehr rassistische Konstruktionen von Identität eine Normalisierung erfahren haben und nicht bloß Teil der organisierten Rechten sind.[94] Letztere spielt aber eine wichtige Rolle als Akteurin, die Unsagbares sagbar werden lässt – und die es in den letzten 40 Jahren geschafft hat, extrem rassistische Positionen in westeuropäischen Gesellschaften immer mehr salonfähig zu machen. Zuletzt hat die rechte Partei Alternative für Deutschland dies mit dem Plakat »Islamfreie Schulen!« gezeigt, das an das nationalsozialistische Diktum von ›judenfrei‹ anknüpfen kann.

Die organisierte Neue Rechte, zu denen Parteien wie der französische Front National (heute: Rassemblement National), die Schwedendemokraten, die österreichische Freiheitliche Partei oder der belgische Vlaams Belang gezählt werden können, hat in den 1980er Jahren damit begonnen, zwei Elemente zu verbinden, die sie aus der Bedeutungslosigkeit herauskatapultiert haben: einerseits die Anti-Establishment-Rhetorik und andererseits den in Kultur gekleideten Rassismus, der nicht mehr biologistisch argumentiert. Diese Verbindung machte die Neue Rechte attraktiver für eine breitere Wählerschaft und ließ sie nicht als ewig gestrige Akteurin erscheinen. In ihren Diskursen thematisierte sie Identitäten, Werte und Lebensstile und aktualisierte diese ständig in einem Wir-sie-Gegensatz. Die identitätspolitisch argumentierenden Positionen, welche die Differenz, den Erhalt von kultureller Vielfalt und die Nichtvermischung von Kulturen betonen sowie auf die Verteidigung christlich-europäischer Werte pochen, bilden seit den 1990er Jahren eine inhaltliche Schwerpunktsetzung rechtspopulistischer Parteien Westeuropas. Bereits vor, aber noch mehr nach dem 11. September 2001 wurden diese Positionen mit einer besonders negativen Thematisierung von ›Islam/MuslimInnen‹ vertreten.[95] Der hohe Stellenwert der Islamophobie bei der radikalen Rechten wird oft damit erklärt, dass sie über die Abgrenzung vom Islam bzw. von MuslimInnen ihre kollektiven Identitäten konstruieren könne und somit ihre Identitätspolitik, die eine wichtige Stütze ihrer Arbeit darstelle, besser zu betreiben imstande sei.[96] Eine zentrale Rolle in der Verbreitung von Islamophobie im westeuropäischen rechten Parteienspektrum spielte der Politiker Pim Fortuyn, der mit seinem 1997 veröffentlichten Buch »Die Islamisierung unserer Kultur. Niederländische Identität als Fundament«[97] eine Grundlage für die umfassende Islamophobie im Rechtspopulismus geschaffen hat. Grundthese seines Buches ist, dass die islamische Kultur der westlichen diametral entgegenstünde.[98] Filip Dewinter vom Vlaams Belang brachte das islamophobe Programm rechter Parteien mit einem oft zitierten Satz auf den Punkt: »Islam is now the No. 1 enemy not only of Europe but of the entire free world«.[99] Aber bereits zuvor mobilisierte in den 1980er Jahren Jean-Marie Le Pen gegen die »expansive Natur des Islams«.[100] Heute sind islamophobe Diskurse in vielen, sehr unterschiedlichen Parteien zu finden, die dem rechten Spektrum zuzuordnen sind. Zudem ist Islamophobie als Wahlkampfinhalt und Strategie ein fester Bestandteil fast aller rechter Parteien geworden und führt auch zur vermehrten Kooperation zwischen ihnen, so etwa innerhalb des Europäischen Parlaments. Zusätzlich zu der stärkeren innereuropäischen Konvergenz erlaubt die transnationale Haltung dieser Parteien auch eine verstärkte Kooperation mit den USA und selbst mit rechten Kreisen in Israel.[101]

In jüngster Zeit macht sich Steve Bannon, ehemaliger Mitarbeiter von Donald Trump, der zuvor das rechte Medium *Breitbart News* leitete, auf nach Europa, um in Brüssel eine neue Organisation mit dem Namen ›Die Bewegung‹ (The Movement) zu gründen. Das Ziel Bannons besteht darin, mit dieser Einrichtung eine Art Denkfabrik und Ausbildungsakademie für europäische rechte Parteien aufzubauen, um diese Fraktion noch weier zu stärken. Zu seinen Gönnern zählen der italienische Innenminister und Chef der rechtspopulistischen Lega Nord, Matteo Salvini, sowie der ungarische Premierminister Viktor Orbán, die eigentlich unterschiedlichen politischen Gruppen im Europäischen Parlament angehören. Im Fokus von ›The Movement‹ steht damit nicht primär die Kooperation im Rahmen eines formalen Zusammenschusses, sondern die inhaltliche Prägung.[102]

Islamophober Diskurs und Praxis

Diskurs wird hier im Sinne von Michel Foucault als ein Wissen-Macht-Komplex verstanden.[103] Dementsprechend wird das Gesagte nicht als von Handlungen getrennt aufgefasst, sondern als konstitutiv für diese, d.h., Sprache wird bereits selbst als Handlung verstanden. Islamophobe Positionen, die als legitim in eine Debatte eingeführt werden, werden ständig wiederholt, bis sie als Teil eines als normal empfundenen Wissensschatzes gelten. Dies geschieht durch die wissenschaftliche Bestätigung dieser Positionen durch Experten und die Wiederholung der Positionen durch Personen, die mit diskursiver Macht ausgestattet sind, wie PolitikerInnen und Medienschaffende. Im Gegensatz dazu werden jene Personen, über die gesprochen wird, in diesem Fall die MuslimInnen, stumm gehalten; es wird über sie gesprochen, aber nicht mit ihnen. So können mithilfe eines islamophoben Diskurses Politiken implementiert werden, die auf der Ausgrenzung von MuslimInnen beruhen und sie als Menschen von niedrigerem Wert betrachten. Wie bei jeder Form des Rassismus kommt es auch hier zur Entmenschlichung der Opfer, und erst sie ermöglicht es, eine Andersbehandlung zu legitimieren.

Islamophobe Diskurse und Stereotype: Die Medien

Die Literatur zu antimuslimischen Stereotypen ist in den letzten Jahren stark gewachsen. Zweifelsohne gibt es abseits der religiös argumentierenden Stereotype bestimmte Diskurse, wie beispielsweise jene über Gewalttätigkeit und (zivilisatorische) Rückständigkeit, die bereits auf den Orientalismus zurückgehen. Heute werden sie insbesondere über mediale Debatten verbreitet. In der Islamophobieforschung im deutschsprachigen Raum wird die Analyse von Islamophobie in den Medien – vom Fernsehen über

Printmedien bis hin zum Internet und zu Social Media – intensiv betrieben. Zudem gab es bereits vor 2001 einige wichtige Untersuchungen zum Islambild in den Medien.[104]

Medien sind insofern relevant, als sie als Hauptinformationsquelle für das vermeintliche Wissen über ›den Islam‹ und ›die MuslimInnen‹ herangezogen werden. Laut einer Allensbach-Umfrage aus dem Jahr 2004[105] im Auftrag der *Frankfurter Allgemeinen Zeitung* antworteten 93 % der Befragten auf die Frage, was sie mit dem Islam assoziieren, die »Unterdrückung von Frauen«. 83 % assoziierten »Terror« mit dem Islam, und nur 6 % betrachteten den Islam als etwas »Sympathisches«. 55 % der Befragten meinten in einer weiteren Allensbach-Umfrage, dass »eine friedliche Koexistenz von christlichem und islamischem Glauben« aufgrund zu großer Differenzen nicht möglich sei. Gleichzeitig gaben nur 15 % der Befragten an, dass sie einen persönlichen Bezug zu MuslimInnen hätten.[106] Das zeigt, dass ihr Wissen über den ›Islam‹ und ›MuslimInnen‹ erworben sein muss und nicht aus der persönlichen Erfahrungen stammt und dass politischen und medialen Diskursen sowie deren Rezeption in Social Media eine zentrale Rolle für die Konstruktion des Islambildes zukommt.

Eine Studie der University of Maryland (Global Terrorism Database)[107] über die Berichterstattung zu Terrorismus in den USA zwischen 2006 bis 2015 zeigt, dass Terrorismus, der von MuslimInnen ausging, 357 % mehr Aufmerksamkeit in den Medien erhielt als Terrorismus von weißen Nationalisten. Während rechte Gruppen im Zeitraum von 2008 bis 2016 doppelt so oft Terror ausübten, wurden ihren Taten im Durchschnitt 15 Artikel mit entsprechenden Überschriften gewidmet – jenen von MuslimInnen aber 105. Das gilt insbesondere für Zeitungen mit landesweiter Verbreitung im Gegensatz zu regionalen Blättern.[108]

Kai Hafez hat eine umfassende medienwissenschaftliche Analyse zum Islambild in den deutsch(sprachig)en Medien unternommen. Er zeigt, dass die deutschen Nachrichten zur Außenpolitik von 1945 bis 1999 von einer Negativberichterstattung geprägt waren, die den Islam mit Gewalt und Terror assoziiert.[109] In einer weiteren Untersuchung haben er und Carola Richter nachgewiesen, dass über 80 % der in den Jahren 2005 und 2006 von ARD und ZDF ausgestrahlten Magazinsendungen zum Thema Islam mehrheitlich negativ konnotierte Themenschwerpunkte wie Terrorismus, Fundamentalismus, Frauenunterdrückung, Menschenrechtsverletzungen, religiöse Intoleranz und Integrationsprobleme setzten.[110] Auf Basis der 133 untersuchten Sendungen und Einzelbeiträge kommen die beiden Autoren zu dem Ergebnis, dass 81 % aller Thematisierungen bei ARD und ZDF solchen Negativthemen zugerechnet werden können. Lediglich 19 % der Beiträge zeigen sich neutral oder positiv in ihrem thematischen Schwerpunkt. Prozentuell aufgeschlüsselt beschäftigen sich 17 % der Beiträge mit internationalen Konflikten, 16 % mit Integrationsproblemen, 10 % mit religiöser Intoleranz, 7 % mit Fundamentalismus/Islamisierung, 4 % mit Frauen/Unterdrückung/Emanzipation und 4 % mit Menschenrechtsverletzungen/Demokratiedefiziten. In den hier untersuchten Fällen handelt es sich um zwei öffentlich-rechtliche Fernsehanstalten, die zu einer gewissen Ausgewogenheit verpflichtet sind. Bei Medienanstalten, die einem bestimmten politischen oder weltanschaulichen Lager nahestehen, ist das Verhältnis noch einmal anders. So zeigt der Diskursforscher Siegfried Jäger in seiner Analyse der Berichterstattung über den im Jahr 2005 durch die dänische Zeitung *Jyllands-Posten* ausgelösten Karikaturenstreit, dass zwar ein Unterschied zwischen rechten, linken und politisch in der Mitte liegenden Medien besteht, gleichzeitig aber eine bestimmte Grundhaltung in der Berichterstattung über ›den Islam‹ existiert.[111]

Islamophobe Meinungen werden insbesondere über Social Media verbreitet, wie Untersuchungen der Kommentare von digitalen Zeitungen in Österreich belegen.[112] Diese neuen Formen der Kommunikation brachten im Schutze der Anonymität neue sprachliche Stilformen und Umgangsformen hervor. Viele der am häufigsten diskutierten Online-Beiträge in Zeitungen haben den ›Islam‹ und ›MuslimInnen‹ zum Gegenstand. Rassistische

Agitationen gegen die muslimische Minderheit, basierend auf generellen und pauschal ablehnenden Meinungen, sind in Posting-Foren weit verbreitet. Zahlreiche Fallanalysen haben veranschaulicht, dass Postings ein äußerst einseitiges, stereotyphaft konstruiertes, essenzialistisches und weitgehend negatives Bild vom Islam und von MuslimInnen zeichnen. Obgleich Texte, indem für sich ein gehobenes Niveau beanspruchen, suggerieren, dass sie keinen Rassismus beinhalten, transportieren sie ihn oftmals dennoch, nur eben weitaus subtiler. Insofern können auch seriöse, sich als Qualitätszeitungen definierende überregionale Blätter im deutschsprachigen Raum Orte sein, wo rassistische Meinungen publiziert werden.[113]

Ein zentraler Baustein für die Verbreitung von Islamophobie ist die Wiedergabe von Unwahrheiten. Lange bevor der Begriff ›Fake News‹ en vogue war, benutzten antimuslimische AktivistInnen eine Strategie bewusster Desinformation. Sie operierten quasi in einer postfaktischen Ära der ›alternativen Fakten‹, in der Wahrheit nicht mehr zählt. In den USA gibt es zwei Ideen, die in islamophoben Diskursen stets wiederholt werden. Die eine besteht in der Auffassung, dass alle MuslimInnen einen geheimen Dschihad – oft auch zivilisatorischer Dschihad genannt – führen würden. Dies sei ein langfristiger verschwörerischer Plan, um das US-System zu infiltrieren und öffentliche Einrichtungen und schlussendlich die gesamten Vereinigten Staaten unter islamische Herrschaft zu bringen. Die zweite, damit zusammenhängende Idee behauptet, dass dieser Plan von der Muslimbruderschaft betrieben und mithilfe von Tarnorganisationen verfolgt würde. Den wichtigsten US-amerikanischen muslimischen Vereinigungen wie auch den 2019 in den Kongress eingezogenen ersten zwei muslimischen Frauen und zahlreichen bekannten Persönlichkeiten wird unterstellt, dass sie von im Geheim tätigen Akteuren kontrolliert werden. Selbst wenn die Muslimbruderschaft von den USA nicht als Terrororganisation eingestuft wird, wird doch in islamophoben Kreisen der Eindruck erweckt, sie sei mit einer solchen gleichzusetzen.[114] Barack Obama wurde insbesondere in seinen beiden Wahlkämpfen von organisierten islamophoben Kreisen unterstellt, nicht nur selbst Muslim zu sein (was als Gleichsetzung mit dem Bösen gilt), sondern auch ein Muslimbruder, der das weltweite islamische Kalifat errichten wolle.[115] In weniger spektakulärer Form, aber durchaus mit schwerwiegenden Konsequenzen, werden ähnliche Strategien auch in europäischen Ländern angewendet.[116]

Diese organisierten islamophoben Kreise sind auch im deutschsprachigen Raum mit einer Webpräsenz zu finden. Sabine Schiffer hat 2009 eine Liste von 74 deutschsprachigen antiislamischen Weblinks erstellt[117], wonach *Politically Incorrect (PI-News)* als einflussreichster Internetauftritt mit islamophober Agenda im deutschsprachigen Raum gilt. *PI-News* weist die höchste BesucherInnenanzahl auf, und seine Texte sind zahlreich auf anderen Websites verlinkt. Er entstand nach eigenen Angaben 2004, um den Anti-Bush-Polemiken etwas entgegenzusetzen.[118] Die Gründer seien getragen von dem Gedanken, dass gegen politische Korrektheit protestiert und eine angebliche Schonung von MuslimInnen in der Öffentlichkeit, insbesondere durch die Medien, kritisiert werden müsse. Da der Server, über den *PI-News* arbeitet, nicht in Deutschland steht, gibt es von dort aus keine Möglichkeit des juristischen Zugriffs. Die Betreiber wie auch die Finanzierung sind unbekannt.[119]

In Österreich versuchten auch andere Websites, wie beispielsweise *islamkritik.at*, sich zu etablieren, jedoch erfolglos. Islamkritik ist ein Begriff, der sowohl medial als auch in wissenschaftlichen Kreisen verwendet wird. Das Konzept gibt vor, sich an wissenschaftlichen Standards zu orientieren und sich von rassistischen Positionen zu distanzieren. Es wird jedoch oftmals als Tarnung für islamophobe Inhalte verwendet, wie eine Analyse von Armin Muftic zeigt.[120] Auch in einer Untersuchung des in Österreich kurzzeitig existierenden Blogs mit dem Namen *islamkritik.at* konnte Rüdiger Lohlker zeigen, dass das »Konzept der Islamkritik tatsächlich aber ebenso rassistische Auffassungen produziert«.[121] Zudem gibt es weitere Webauftritte von organisierten regionalen antimuslimischen Initiativen. So etwa den Internetauftritt der Bürgerinitiative Bad Vöslau (Niederösterreich) gegen die ATIB-Moschee. Über die Mobilisierung gegen die Moschee hinaus wurde dieses Forum genutzt, um antimuslimische Inhalte abseits des regionalen Konfliktes zu verbreiten. Mit den Worten »Österreicher wehret den Anfängen!!! Islamische Republik Österreich im Jahre 2025 …« wird vor einer Islamisierung gewarnt.[122]

Die sogenannte ›Islamkritik‹ wird aber bei Weitem nicht nur von rechten AkteurInnen betrieben. Eine Studie von Thorsten Gerald Schneiders liefert eine Darstellung und Analyse der Argumentationsstrategien von vier prominenten PublizistInnen in Deutschland, die sich als IslamkritikerInnen verstehen bzw. verstanden: Henryk M. Broder, Ralph Giordano, Necla Kelek und Alice Schwarzer. Schneiders identifiziert folgende immer wiederkehrende Argumentationsmuster in ihrer ›Islamkritik‹: Es würden Negativbeispiele ohne Kontextualisierung aneinandergereiht. Die AutorInnen würden beleidigen, herabwürdigen und muslimische Personen sowie vermeintliche FördererInnen der ›Islamisierung‹ Europas verspotten. Sie würden Vorurteile und stereotype Bilder über den ›Islam‹ und ›MuslimInnen‹ verbreiten. Sie würden ein alarmistisches Bild der Gegenwart zeichnen und insbesondere für die Zukunft Bedrohungsszenarien der ›Islamisierung‹ an die Wand malen. Zentral ist auch, dass sie keine Belege und Beweise angeben und stattdessen simplifizieren. Sie blenden politische Ursachen und andere Faktoren von Problemlagen aus, um diese mit einem ursächlichen Kausalfaktor ›Islam‹ zu begründen. Schneiders hat ebenso eine Apologetik im Hinblick auf eine imaginierte christlich-abendländische Kultur und ein eurozentrisches Weltbild konstatiert. Er meint, dass die AutorInnen sich eine Fremdenliebe einreden, sich oberflächlich vom Rassismus distanzieren, um umso mehr eine nationalistische Agenda zu forcieren. Sie pauschalisieren und verallgemeinern subjektive Erfahrungen auf eine ganze Gruppe von Menschen, vermischen oder setzen Theologie mit Tradition gleich, nehmen die gesamte

Gruppe der MuslimInnen für die Taten weniger Einzelner kollektiv in Haft und vermischen Begriffe wie Islam, Islamismus, Fundamentalismus und Extremismus.[123]

Es soll hier aber nicht der Eindruck entstehen, dass allein ›die Medien‹ oder ›die Politik‹ die Schuldigen in der Verbreitung von antimuslimischem Rassismus seien. Verstehen wir Rassismus strukturell, so ist Islamfeindlichkeit in den unterschiedlichsten Bereichen des gesellschaftlichen Lebens anzutreffen. Das reicht von der Kulturproduktion wie etwa der Musik oder der Kinderliteratur bis hin zum Justizwesen und zur politischen Arena. Und gleichzeitig sind in all diesen Bereichen auch Widerstandsformen gegen antimuslimischen Rassismus vorhanden. Dazu kommen wir im letzten Kapitel, das sich mit Gegenstrategien beschäftigt.

Die Einschränkung religiöser Praxis

Die Einschränkung der religiösen Praxis von MuslimInnen wird spätestens seit dem Minarettverbot in der Schweiz vermehrt diskutiert. Beim Volksentscheid 2009 über ein Minarettverbot hat einer Mehrheit von 57,5 % aller Stimmen des Wahlvolkes das Verbot angenommen. Georg Kreis zeigt in seiner Analyse der Hintergründe dieser Abstimmung, dass abgesehen von der konkreten Mobilisierung der rechtspopulistischen Schweizer Volkspartei (SVP) auch tiefer liegende Gründe für die Annahme des Votums bestanden. So konstatiert er vonseiten rechtsnationaler Kräfte eine bewusst geschürte Abneigung, die auf den alarmistischen Diskurs über die »muslimische Überfremdung« von 1989/90 zurückgehe.[124] Der Politiker Rudolf Keller veröffentlichte bereits 1989 eine Schrift mit dem Titel »Die Islamisierung Europas schreitet voran …«.[125] 1990 erschien von der AUNS, der Aktion für eine unabhängige und neutrale Schweiz, welche 1986 zur Bekämpfung des Schweizer UNO-Beitritts gegründet worden war, die Schrift »Überfremdung durch MuslimInnen«. Und Beat Christoph Bäschlin veröffentlichte 1990 ein Pamphlet unter dem Titel »Der Islam wird uns fressen! Der islamische Ansturm auf Europa und die europäischen Komplizen dieser Invasion«.[126] In dieser Schrift zeigt sich der Übergang vom Antikommunismus zur Islamophobie deutlich. So glaubt Bäschlin, dass es zwischen Islam und Sozialismus eine Geistesverwandtschaft gebe.[127] Abgesehen von der insgesamt antimuslimischen Stimmung, die sich nach dem 11. September 2001 in einer Kollektivanschuldigung an den Islam manifestierte, war es insbesondere die Mobilisierung der SVP, welche auf bereits bestehende Stereotype zurückgreifen konnte.

In einer Untersuchung wenige Jahre vor dem Votum[128] arbeitete Kreis folgende weitverbreiteten Argumente im Zusammenhang mit antimuslimischem Rassismus heraus: »Die Allgegenwart von Moscheen und Minaretten fördere den Rassismus«, »Die muslimischen Länder gewährten den Christen auch keine Rechte«, »Mit einer zu toleranten Haltung bereite man seinen eigenen Untergang vor«, »MuslimInnen würden während des Ramadans ihre Wagen auf dem Trottoir parkieren«, »Der Koran rufe zur Vernichtung der Ungläubigen auf« sowie »Der Islam ist Teil eines politischen Projekts«.[129] Auch wenn die Regierung, die Kirchen, jüdische Organisationen und antirassistische Einrichtungen wie die Eidgenössische Kommission gegen Rassismus sich gegen das Votum ausgesprochen hatten, war diese Gegenmobilisierung nicht ausreichend, um den neuen Verfassungsartikel 72 § 3 »Der Bau von Minaretten ist verboten«[130] zu verhindern. Daran änderte auch die Kritik internationaler Menschenrechtsorganisationen von Amnesty International bis zum UNO-Hochkommissariat für Menschenrechte nichts.

Nachdem in der Schweiz das Minarettbauverbot gesetzlich verankert war, wurde im Nachbarland Österreich erstmals eine Initiative für ein Minarettverbot gestartet. Im Fall der beiden Moschee- und Minarettbauverbote in den österreichischen Bundesländern Kärnten und Vorarlberg wird der Bau allerdings nicht wie im Schweizer Modell explizit verboten, denn dies hätte vor dem die österreichische Gesetzgebung begutachtenden Verfassungsdienst kaum Bestand haben können. Öffentlich thematisiert wurde die Möglichkeit eines Verbots erstmals von dem bekannten Rechtspopulisten Jörg Haider, der damals Landeshauptmann des Bundeslandes Kärnten und Parteivorsitzender des Bündnisses Zukunft Österreich (BZÖ) war. Obwohl die Debatte in Kärnten begann, war es das ÖVP-regierte Bundesland Vorarlberg, das erstmals ein Gesetz mit der Absicht des Verbots einführte. Im Unterschied zum Schweizer Minarettverbot wurde in Kärnten allerdings eine Änderung der Bauordnung sowie des Ortsbildpflegegesetzes und in Vorarlberg eine Änderung des Raumplanungsgesetzes durchgesetzt.[131] Der Diskurs dahinter legte jedoch die Intention der Regierung sowie der Parlamentarier offen, künftige Moschee- und Minarettkonstruktionen zu verhindern. Während die Sozialdemokratie in Vorarlberg und Kärnten eine eher ambivalente Position einnahm, reproduzierte die christdemokratische Volkspartei einen Großteil der Topoi der beiden rechtspopulistischen Parteien FPÖ und BZÖ.[132] In einer Diskursanalyse der Argumentationen der Landtagsabgeordneten konnte gezeigt werden, wie sehr die Moschee und das Minarett – als Symbole des Islams – in Diskursen negativ erschienen. Beide standen als Sinnbild für den Krieg der Kulturen, Terrorgefahr, Islamisierung, islamische Übervölkerung, islamis(tis)che Weltverschwörung, Fanatismus, Gewalttätigkeit (Frauenunterdrückung), kulturelle Andersartigkeit und den politischen Islam. Das Argument der Parlamentarier war, mit dem Verbot das christliche Abendland schützen zu wollen, insbesondere die traditionelle mitteleuropäische Bau- und Leitkultur. Um sich nicht dem Verdacht des Rassismus auszusetzen, wurde von einigen Landtagsabgeordneten sogar behauptet, dass man mit einem solchen Verbot die Mehrheit der MuslimInnen vertrete, wie auch allgemein im Sinne des Populismus betont wurde, dass eine solche Restriktion im Interesse der Bevölkerung insgesamt sei. Moscheen und Minarette stünden für einen Verlust des Eigenen. Zudem wurde das Argument eingeführt, dass man erst dann MuslimInnen das Bauen von Gebetsstätten erlauben würde, wenn muslimische Länder wie Saudi-Arabien die Errichtung von Kirchen erlauben würden.[133] Auch nachdem die beiden Gesetzesänderungen in zwei von neun Bundesländern umgesetzt wurden, haben sich diese negativ geprägten Meinungsbilder weiter verbreitet.[134] Eine Untersuchung der medialen Berichterstattung über das Abstimmungsergebnis von Astrid Mattes weist auf, dass der ›Islam‹ und die ›MuslimInnen‹ insgesamt negativ dargestellt werden. MuslimInnen werden als gefährlich, unterlegen oder unerwünscht präsentiert, wenn auch in den verschiedenen Printmedien Niveauunterschiede zu beobachten sind.[135]

Der Einschränkung der Religionsfreiheit gingen Debatten und Regulierungen von Moscheebauten oder auch sogenannte ›Kopftuch‹-Politiken voraus. Unzählige AutorInnen von Frantz Fanon bis Leila Ahmed haben gezeigt, dass die Wahrnehmung des Islams sich besonders auf das symbolisch stark aufgeladene ›Kopftuch‹ konzentriert. Dies geht auf Bilder aus dem 19. Jahrhundert zurück, in denen das Kopftuch vonseiten europäischer OrientalistInnen und KolonisatorInnen zum zentralen Symbol für die Rückschrittlichkeit des Islams per se wurde. Im Gegensatz dazu waren im sich als christlich verstehenden, prüden Europa lange Zeit der Orient und der Islam als Sphären einer überbordenden Sexualität imaginiert worden. Hierfür stehen der Harem wie auch die mithilfe sexueller Konnotationen erreichte Verunglimpfung des letzten Propheten des Islams, Muhammad, als Inbegriff sexueller Abartigkeit. Der Begriff des ›modernen Gleichstellungsdiskurses als rhetorische Modernisierung‹ zeigt auf, dass man sich heute wie in Zeiten der Kolonisation einer Rhetorik bedient, die vorgibt, die Entschleierung der muslimischen Frau führe zu deren Befreiung, dass gleichzeitig aber keine entsprechenden praktischen, sozialpolitischen oder anderen Konsequenzen gezogen werden. Mit »Stigma ›Kopftuch‹. Zur rassistischen Produktion von Andersheit« legt der Soziologe Florian Kreutzer eine Studie vor, die die stereotype Stigmatisierung des Kopftuchs als eine Praxis des antimuslimischen Rassismus analysiert.[136] Mithilfe narrativer Interviews zeigt er auf, wie verschleierte Frauen um Anerkennung in der Gesellschaft kämpfen und in ihrem alltäglichen Handeln versuchen, diese Stigmatisierungen zu konterkarieren. Der Weg der Integration, die vom Autor als Teilhabe an Bildung und am Erwerbsleben verstanden wird, zeigt sich jedoch als immer steiniger, je weiter Frauen mit muslimischer Haarbedeckung (der Autor spricht vom ›Schleier‹) in der Berufswelt voranschreiten. Der Autor will hervorheben, dass bedeckte Frauen sich in der Art und Weise, wie sie Familie und Beruf zu vereinbaren versuchen, nicht wesentlich von anderen Frauen unterscheiden, damit also die gleichen Kämpfe um Anerkennung an der Schnittstelle von Sozialem und Ökonomischem ausfechten.[137] Bezug nehmend auf die historischen Bilder des Kopftuchs erklärt Kreutzer, anknüpfend an tagespolitische Forderungen von Pegida, dass es weder »um die ›Selbstbestimmung‹ der (verschleierten) Frau noch deren Schutz [gehe, FH]; es geht um das genaue Gegenteil, um die (hegemoniale) Verfügbarmachung der Fremden für die eigenen Bedürfnisse und Interessen«.[138] Die muslimische Haarbedeckung werde zum Grund der Ausgrenzung, aber auch der Abwertung. Die Ausgrenzung erfolge über einen Diskurs der Emanzipation, der sich aber in sein Gegenteil verkehre, so Kreutzer.[139] Damit liegt der Fokus seiner Arbeit nicht auf der Deutung der vielen und oft widersprüchlichen Bedeutungen der Haarbedeckung, sondern auf der Darlegung unterschiedlicher Formen von Anerkennung und Diskriminierung. Es will die Sicht der muslimischen Frau darlegen und so, anstatt wie so oft nur *über* sie zu sprechen, sie *selbst* sprechen lassen.

In Genf kam es bereits in den Jahren 1996/97 zu einem Kopftuchstreit, der aber wenig Aufmerksamkeit erhielt. Damals bestätigte das Bundesgericht den Entscheid, der einer zum Islam übergetretenen Primarlehrerin untersagt hatte, während des Unterrichts ein Kopftuch zu tragen. Begründet wurde dies mit dem Argument der konfessionellen Neutralität an öffentlichen Schulen.[140] Deutlich wird bei der kritischen Betrachtung der sogenannten ›Kopftuch‹-Politiken, dass »in dem Moment, in dem Kopftuchträgerinnen Anspruch auf Integration, d.h. eine Anstellung im Staatsdienst erh[e]ben, [...] das Kopftuch zum Gegenstand vehementer Debatten« wird.[141] Damit treten drei wichtige Aspekte an die Oberfläche. Erstens versinnbildlichen diese restriktiven Politiken den Bruch der bedeckten muslimischen Frau mit jenen Stereotypen, welche die Islamophoben auf die muslimische Frau projizieren. Der Anspruch auf Arbeit steht für Bildung, Eigenständigkeit und Unabhängigkeit und negiert damit ein wichtiges Stereotyp im islamophoben Gedankengerüst, jenes der Unterdrückung der Frau im Islam. Zweitens bewirkt der Integrationsanspruch eine Verunsicherung der »Dominanzgesellschaft« (Rommelspacher). Solange bedeckte muslimische Frauen dort, wo Macht zusammenläuft, nur als Reinigungspersonal tätig waren, stand die Regulierung ihrer Kleidung nicht im Fokus. Erst indem sie selbst als gleichwertige Bürgerinnen an der Gesellschaft teilzuhaben versuchten, wurden ihnen Grenzen aufgezeigt. Darin offenbart sich die zentrale Dimension von Macht in diesem Vorgang. Drittens bringt der Integrationsanspruch die Mittel zum Vorschein, mit denen islamophobe Argumente mit konkreten Politiken verknüpft werden. Die Dominanzgesellschaft verteidigt ihre Privilegien und Vorrechte und implementiert eine Ausgrenzungspolitik.

Frankreich wird meist als jenes Land mit der stärksten Regulierung des Körpers der muslimischen Frau genannt. Die ersten Gesetze über das Tragen einer Haarbedeckung für muslimische Frauen wurden aber in muslimischen Ländern erlassen. In der Türkei war bereits seit der Einführung des Laizismusprinzips im Jahre 1937 die religiös motivierte Körperbedeckung stark eingeschränkt. Trotz muslimischer Bevölkerungsmehrheit wurde dort ein solches Verbot eingeführt, um zu versuchen, das religiös geprägte konservative Milieu aus dem politischen Raum zu drängen. Kemalistisch-säkularistische Kräfte beanspruchten in der Türkei die Führung des Staates und sahen es als ihre Aufgabe an, – mithilfe des Militärs – diese Form der illiberalen Demokratie zu verteidigen. Erst nach längeren politischen Kämpfen und dem Erstarken einer mitunter religiös-konservativ geprägten Regierungspartei, der AKP, begann ein Aufweichen des Verbots der muslimischen Haarbedeckung bei Frauen für Staatsbedienstete, Studentinnen wie auch Lehrerinnen.

In Frankreich kam es erstmals 1989 zu einer Debatte über das Kopftuch an Schulen. Obwohl der Staatsrat, der über die korrekte Anwendung geltenden Rechts zu befinden hat, entschied, dass ein Kopftuchverbot keinen Platz im französischen Republikanismus habe, wurde in der Praxis von Fall zu Fall entschieden, was dazu führte, dass einige Schülerinnen das Kopftuch wieder abnahmen, weil von verschiedenen Seiten Druck ausgeübt wurde.[142]

In den Niederlanden, die lange Zeit für ihre neutrale Handhabung des Kopftuchtragens bekannt waren, wurde diese Position mit dem Erstarken des Rechtspopulisten Geert Wilders immer mehr aufgeweicht. Wilders, der unter anderem ein Verbot des Korans fordert, schlug 2005 erstmals ein gesetzliches Verbot des Gesichtsschleiers vor, was anfangs sogar im Parlament befürwortet wurde. Später wurde Richterinnen und Polizistinnen – trotz der Einwände der Gleichbehandlungskommission – das Kopftuch per Regierungsdekret untersagt. Erst als Bernard Stasi zum Ombudsmann und Vorsitzenden einer Kommission zur Untersuchung der Frage, wie das Prinzip der Laizität geschützt werden könne, berufen wurde, kam es zu einer gesetzgebenden Initiative, die im Verbot aller religiösen Symbole an Schulen mündete und damit dem weiblichen Lehrpersonal wie auch den Schülerinnen das Tragen des Kopftuchs untersagte.[143]

Lange Zeit galt auch für Österreich, dass es eine neutrale Position vertrat und Debatten über das sogenannte Kopftuch nur vonseiten rechtspopulistischer Parteien angefacht wurden. Das änderte sich in den letzten Jahren. Einerseits wurde im Zuge des Gesichtsschleierverbots, welches 2017 eingeführt wurde, eine Debatte geführt, bei der die politischen Eliten meinten, dass im Falle von Richterinnen, Staatsanwältinnen und Polizistinnen kein Verbot in Gesetzesform notwendig sei, da der Ausschluss von Frauen mit muslimischer Haarbedeckung ohnehin mit Verweis auf die Kleidungsvorschrift begründbar sei.[144] Zuletzt hat die Bundesregierung unter der Führung von Sebastian Kurz (ÖVP) und Heinz-Christian Strache (FPÖ) ein Kopftuchverbot für muslimische Mädchen im Kindergarten und in der Volksschule eingeführt, wobei eine Ausweitung angedacht wurde.

In Deutschland, das eigentlich traditionell eine neutrale Religionspolitik verfolgt, wurde in der Hälfte der Bundesländer ein demonstratives Kopftuchverbot für Lehrerinnen in ein Gesetz gegossen.[145] Erst mit einem Urteil des Bundesverfassungsgerichts im Jahre 2015 wurde das zuvor gültige Kopftuchverbot in öffentlichen Schulen aufgehoben. Nach diesem Urteil ist »ein pauschales Verbot religiöser Bekundungen in öffentlichen Schulen durch das äußere Erscheinungsbild von Pädagoginnen und Pädagogen mit deren Glaubens- und Bekenntnisfreiheit nicht vereinbar«.[146] 2001 gab es eine richtungsweisende Entscheidung vonseiten des Europäischen Gerichtshofes für Menschenrechte (EGMR) in Straßburg. Das bereits oben angesprochene Verbot in Genf wurde 1997 dem EGMR vorgelegt. Die strikt säkular ausgerichtete Verfassung des Kantons Genf sowie die Interpretation, dass es sich beim ›Kopftuch‹ um ein ›starkes religiöses Symbol‹ handle, führten dazu, dass der EGMR das Verbot nicht als in Widerspruch zur Europäischen Menschenrechtskonvention (EMRK) stehend einstufte.[147] Das zuletzt gesprochene Urteil des Europäischen Gerichtshofes zu zwei Fällen im Jahr 2017 zeigte noch einmal unterschiedliche Möglichkeiten der Handhabung auf. Zwei Fälle, jener von Achbita in Belgien und jener von Bougnaoui in Frankreich, waren die ersten in Zusammenhang mit Religion und Diskriminierung vor dem Europäischen Gerichtshof. Im Fall Achbita wurde indirekte Diskriminierung, im Fall Bougnaoui dagegen direkte Diskriminierung festgestellt. Demnach sei ein Kopftuchverbot im öffentlichen Bereich eine Diskriminierung, während ein Verbot in einem privaten Unternehmen dann möglich sei, wenn ein solches Verbot gegenüber allen religiösen Symbolen existiere. Diese beiden sehr kontrovers diskutierten Entscheide wurden mitunter dafür kritisiert, dass sie die islamophobe Stimmung in Europa und insbesondere die Diskriminierung von muslimischen Frauen am Arbeitsplatz nicht berücksichtigten.[148]

In den letzten Jahren fand das Gesichtsschleierverbot weite Verbreitung. Es trifft neben DemonstrantInnen vor allem jene wenigen muslimischen Frauen (meist Konvertitinnen), die nicht nur das Haar bedecken, sondern auch das Gesicht. Frankreich war im April 2011 das erste europäische Land, das ein Gesichtsschleierverbot im öffentlichen Raum einführte. Belgien folgte im Juli desselben Jahres. In den Niederlanden wurde ein teilweises Verbot in öffentlichen Gebäuden wie Schulen, Krankenhäusern oder öffentlichen Verkehrsmitteln erlassen. Ein teilweises Verbot gibt es seit 2016 auch in Bulgarien. In Österreich wurde es 2017 eingeführt. Dänemark zählt zu den letzten Ländern in dieser Reihe. Dort wurde 2018 ein Verbot implementiert. Debatten darüber gibt es ebenso in Deutschland, der Schweiz, Estland, Litauen, Lettland und Norwegen.[149] In den meisten Ländern werden die Trägerinnen von Gesichtsschleiern auf wenige Hundert Personen geschätzt. Aufgrund der marginalen Bedeutung von Gesichtsschleiern bei muslimischen Frauen kommt diesen Gesetzgebungen vordergründig eine symbolische Bedeutung zu. Gleichzeitig stehen sie aber für ein stärkeres Eingreifen des Staates in private Angelegenheiten und statten diesen durch den Zugriff auf die Kleidung der Bevölkerung gleichzeitig auch mit mehr Disziplinierungsmöglichkeiten aus. Dies kann andere AkteurInnen dazu ermutigen, ebenso mehr Durchgriffsrechte für den Staat gegenüber marginalisierten Minderheiten zu fordern. Insbesondere politische AkteurInnen, die sich an derartige Politiken gewöhnen, werden darin bestärkt, Interventionen von staatlichen Behörden im privaten Lebensbereich eher gutzuheißen. Diese Problematik wird an einem Fallbeispiel im Kapitel »Zentrale Funktionen des antimuslimischen Rassismus« diskutiert. Grundsätzlich scheint es, dass diese staatlichen Interventionen und die damit einhergehenden Diskurse die Akzeptanz für die Einschränkung der Religionsfreiheit von muslimischen Minderheiten stärken.

Ein Beispiel hierfür ist die Aussage des Chefredakteurs der Gratiszeitung *Österreich*. Wolfgang Fellner schreibt in einem Kommentar:

> Der dritte Punkt im Kampf gegen den Terror ist der heikelste: Mittlerweile muss die Diskussion erlaubt sein, ob nicht der Islam als solcher in Europa verboten werden sollte. Bei allem Respekt für die Freiheit der Religionen und die vielen friedlichen, sympathischen Anhänger des Islam auch bei uns in Österreich: Die Grenzen zwischen dem friedlichen Islam und dem Terror im Namen des Islam verwischen sich immer mehr. In unseren städtischen Kindergärten. In vielen Moscheen. Da wird Terror gefördert, gepredigt, vorbereitet. So kann und darf es nicht weitergehen.[150]

Die für den Chefredakteur scheinbar unproblematische Aussage, dass das Verbot einer Religion anzudenken sei, zeigt, wie sehr grundrechtliche Überlegungen im Zuge islamophober Diskurse erodieren und Religionsfreiheit als Menschenrecht in Frage gestellt werden kann. In einem größeren Zusammenhang scheint der islamophobe Diskurs damit auch illiberale Politik zu fördern. Berechtigterweise warnen daher viele kritische Kommentatoren vor der schleichenden Verbreitung eines illiberalen Modells von Demokratie.

In Österreich steht insbesondere das Islamgesetz von 2015, welches de facto jenes von 1912 abgelöst hat, für ein Umschwenken in der Staatsräson im Umgang mit MuslimInnen. Denn paradoxerweise hat der Angriff auf die Zwillingstürme des World Trade Centers in New York in Österreich auf politischer Ebene zu keiner Hysterie im Umgang mit MuslimInnen geführt. Weder auf Regierungsebene noch auf parteipolitischer Ebene wurde das Thema Islam/MuslimInnen ausgeschlachtet. Das liegt vermutlich daran, dass die FPÖ mit der ÖVP in Koalition ging und Erstere die schwächere Partnerin in diesem Gespann war. Nach dem Boykott durch die damaligen 14 Mitgliedsstaaten der Europäischen Union und in angstvoller Erinnerung an den Rechtspopulismus eines Jörg Haider war die Absicht der von Bundeskanzler Wolfgang Schüssel geführten Regierungen, nicht des Rassismus bezichtigt werden zu können. Ganz im Gegenteil: Der damalige Bundespräsident Thomas Klestil hat nach den Anschlägen auf das World Trade Center zu einem öffentlichen Treffen unter dem Motto ›Interreligiöses Gedenken‹ in die Wiener Hofburg geladen. 1000 Personen aus ganz Österreich nahmen teil, von PolitikerInnen über WissenschaftlerInnen bis hin zu SchülerInnen, um ein Zeichen der Einheit und des Dialogs zu setzen. Die Zusammenkunft wurde vom ORF live übertragen. Neben dem Bundespräsidenten sprachen Kardinal Christoph Schönborn und der Präsident der Islamischen Glaubensgemeinschaft in Österreich, Anas Schakfeh, sowie andere ReligionsvertreterInnen. Symbolisch standen sie in einer Reihe auf der Bühne nebeneinander. Es war eine »sehr aussagekräftige Demonstration der Einheit [...] Die Botschaft war klar und unmissverständlich: Wir in Österreich halten zusammen«,[151] erinnert sich Anas Schakfeh.

Auf europäischer Ebene präsentierte die damalige Außenministerin Benita Ferrero-Waldner das ›Sondermodell Österreich‹. Es machte die einzigartige rechtliche Anerkennung des Islams – tatsächlich eine Besonderheit im westeuropäischen Raum – zum Vorzeigemodell. Als es 2003 zur ersten Europäischen Imamekonferenz kam, wohnte ihr die Außenministerin bei. Die Abschlusserklärung der Konferenz wurde den Außenministerien anderer europäischer Länder zugeschickt. 2006 und wieder 2010 folgten weitere derartige Konferenzen. Selbst dem Karikaturenstreit begegnete man mit einer besonderen politischen Haltung: Er wurde zum Anlass genommen, mithilfe weiterer LeiterInnen anerkannter Kirchen und Religionsgemeinschaften ein Zeichen der gesellschaftlichen Solidarität zu setzen. Kanzler Schüssel pries das »österreichische Lebensmodell«, das er mit folgenden Worten umschrieb: »Es bedeutet, dass man sich füreinander verantwortlich fühlt, dass man Freiheit und Verantwortung sensibel balanciert, dass man versucht, nicht Feindbilder aufzubauen, sondern Freundbilder zu pflegen.«[152] Im Februar 2006 lud die Außenministerin Ursula Plassnik den dänischen Außenminister sowie die Großmuftis von Bosnien-Herzegowina und Syrien gemeinsam mit dem Bischof der Dänischen Volkskirche und Schakfeh zu einem Meinungsaustausch ins Außenministerium. Deklariertes Ziel war es, »gemeinsam nach Mitteln und Wegen zu suchen, um die Spannungen der vergangenen Tage abzubauen und dem Dialog zwischen den Religionen in Europa sowie zwischen Europa und der islamischen Welt neue Impulse zu verleihen«.[153] Derlei positive Stimmung gegenüber der religionspolitischen Vertretung der MuslimInnen ist längst passé.

Spätestens mit der Abspaltung der FPÖ von dem damals noch in der Regierung sitzenden BZÖ erhielt die Islamophobie auf parteipolitischer Ebene Aufwind. Und ebenso schnell begannen Funktionäre anderer Parteien, die islamophoben Diskurse selektiv aufzugreifen bzw. zu übertrumpfen. Das mündete schlussendlich darin, dass mit dem Islamgesetz von 2015 ein neuer gesetzlicher Rahmen geschaffen wurde.

Im Detail bedeutet das Folgendes: Das Islamgesetz ist de facto keine Novellierung, sondern ein neues Gesetz, das die Angelegenheiten beider derzeit existierender Religionsgesellschaften (Alevitische und Islamische Glaubensgemeinschaft) sowie zukünftiger islamischer Religionsgesellschaften regeln soll. Das ist insofern problematisch, als es kein Christentumsgesetz als Pendant dazu gibt. Niemals würde der Staat auf die Idee kommen, die katholische, die evangelische und die Orthodoxe Kirche in einem Gesetz zu behandeln. Zudem könnte hinzugefügt werden, dass der Unterschied in der Dogmatik zwischen der Islamischen und der Alevitischen Glaubensgemeinschaft weitaus größer ist als der zwischen Katholiken und Protestanten. Damit greift die Novellierung in die inneren Angelegenheiten einer Religionsgesellschaft ein und bricht mit dem Prinzip der weltanschaulich neutralen Säkularität des Staates.

Mit dem Islamgesetz wird zugleich auch etwas eingeführt, das man Anerkennungsregime nennen kann. Einige Paragrafen[154] behandeln die Frage der Anerkennung bzw. Aberkennung des

Status einer anerkannten islamischen Religionsgesellschaft durch staatliche Behörden. Auch das ist ein Spezifikum für die MuslimInnen. Öffentlich am meisten diskutiert wurden zwei Punkte: Einmal der Generalverdacht, der im neuen Islamgesetzesentwurf durchklingt. In § 2 (2) heißt es nämlich, dass staatliches Recht über Religionsrecht stehen muss. Vor dem Hintergrund der globalen Debatte über die terroristische Organisation ›Islamischer Staat‹ (Daesh) wurde das als Misstrauen gegenüber MuslimInnen interpretiert. Auch hierzu findet sich kein ähnlicher Passus in einer anderen Religionsgesetzgebung. Die Regierung verteidigte dies mit dem Verweis darauf, dass dies bereits im Islamgesetz aus dem Jahre 1912 stehe.[155] Weitere Kritikpunkte betreffen die binnen sechs Monaten nach Inkrafttreten des Gesetzes verlangte Auflösung aller islamischer Vereine, deren Zweck in der Verbreitung der Religionslehre der betreffenden Religionsgesellschaft besteht. Dieses Verbot ist ein Eingriff in die Vereinsfreiheit und kollidiert mit verfassungsrechtlichen Grundsätzen. Bei diesem Aspekt ist allerdings klar herauszustreichen, dass er auf den Willen des Präsidenten der Islamischen Glaubensgemeinschaft, Fuat Sanac, zurückgeht[156] und von anderer Seite vehement kritisiert wurde: vom Netzwerk Muslimische Zivilgesellschaft, von der Initiative Österreichischer KonvertitInnen und von der Muslimischen Jugend Österreich.[157] Der Oberste Rat als höchstes Gremium der Islamischen Glaubensgemeinschaft brachte diese Kritik dann nach dieser zivilgesellschaftlichen Intervention in seiner Stellungnahme gegenüber dem Gesetzgeber ein.[158]

Des Weiteren wurde ein Finanzierungsverbot für laufende Kosten, vor allem von Imamen, eingeführt. Diese Neuerung, von der Regierung am stärksten hervorgehoben, richtete sich gegen den vermeintlichen Einfluss ausländischer Kräfte auf österreichische MuslimInnen. Allen voran wurden das Königreich Saudi-Arabien und die Republik Türkei erwähnt. Das ist insofern paradox, als vermutlich gerade die Imame der ATIB, Bürger eines laizistischen Staates wie der Türkei, die apolitischsten Imame in der muslimisch-religiösen Landschaft darstellen. Die

Politik nutzte aber auf populistische Art und Weise das Feindbild Erdoğan, das sich nicht zuletzt aufgrund seines medial als äußerst umstritten thematisierten Aufenthalts in Wien im Juni 2014 verwenden ließ. Das Königreich Saudi-Arabien unterhielt lediglich einen einzigen Imam in den mehr als 300 Gebetseinrichtungen der MuslimInnen Österreichs. Auch hier wird der Grundsatz der Gleichbehandlung missachtet. Sowohl lange etablierte Kirchen, wie die evangelische und die Orthodoxe Kirche, als auch jüngere, wie die Pfingstgemeinden, greifen bei der Finanzierung ihres Personals auf Gelder zurück, die unter anderem aus dem Ausland kommen. Für MuslimInnen aber soll dies nicht erlaubt sein.[159]

Tatsächlich war es, wie oben bereits angeführt, die FPÖ, die sich immer vehementer islamophober Wahlkampagnen bediente, um die Wählerschaft zu mobilisieren. 2008 wurde im Zuge der durch die Grazer Spitzenkandidatin Susanne Winter ausgelösten Debatte (sie meinte, Muhammad wäre mit heutigen Maßstäben als Kinderschänder zu bezeichnen und habe den Koran während epileptischer Anfälle erhalten)[160] ein Positionspapier der FPÖ zum Islam verfasst. Darin wird gefordert, dass die »Ausbildung der Imame […] durch staatliche Einrichtungen erfolgen«[161] solle und nicht nur durch die Religionsgesellschaft selbst, wie es bei anderen Kirchen und Religionsgesellschaften der Fall ist. Auch vom Bekenntnis zu »europäischen Werten, insbesondere der parlamentarischen Demokratie und den in Europa geltenden Rechtsordnungen«[162] – im Gegensatz zum Bekenntnis zur Scharia – als Voraussetzung für die Verleihung der Staatsbürgerschaft war die Rede. Bemerkenswert ist eine Passage, in der argumentiert wurde, dass »der Status des Islam als in Österreich […] staatlich anerkannte und geförderte Religionsgemeinschaft zu überdenken« sei, denn, so weiter, »dem Zuwanderungsislam können keineswegs automatisch die Rechte der autochthonen muslimischen Bosniaken aus Zeiten der habsburgischen Monarchie zustehen«.[163] Gewiss, die Forderungen lagen nicht in Reinform vonseiten der Regierung SPÖ/ÖVP vor. Dennoch sind die Parallelen unverkennbar.[164]

Der Entwurf für ein neues Islamgesetz[165] hat sich einiges von der FPÖ abgeschaut: Die Bundesregierung hat mit dem Islamgesetz 2015 den rechtlichen Status der MuslimInnen dahingehend verändert, dass sie den Generalverdacht ins Gesetz geschrieben hat, dass MuslimInnen gegenüber einer imaginierten islamischen Weltgemeinschaft und der Scharia, nicht aber gegenüber dem staatlichen Gesetz loyal seien. Die Ungleichbehandlung ist offensichtlich: Verbot der Finanzierung aus dem Ausland, besondere Kriterien für die Anerkennung als Religionsgesellschaft, Möglichkeit der Aberkennung, Aufhebung des Vereinsrechts für MuslimInnen etc. Das Islamgesetz ist damit zur Manifestation einer juristisch institutionalisierten Islamophobie geworden. Die FPÖ hat eine islamophobe Agenda vorgegeben, und SPÖ und ÖVP haben sie umgesetzt, um, wie so oft, den Versuch zu unternehmen, die Rechten auf der rechten Spur zu überholen.

Mit der Darstellung von MuslimInnen als Sicherheitsproblem kam es auch zur Einschränkung anderer Grundrechte. So kann im Zuge der vom Bürgerkrieg im Irak und in Syrien ausgelösten Flucht von Menschen beobachtet werden, wie das Menschenrecht auf Asyl in Frage gestellt wird. Als sich 2013 der syrische Bürgerkrieg noch im Anfangsstadium befand, äußerte der damalige Vizebundeskanzler und Außenminister, Michael Spindelegger (ÖVP), er würde vorrangig christliche Flüchtlinge aus Syrien in Österreich aufnehmen. Seinen Vorstellungen nach sollten 500 Geflüchtete aus Syrien, vorzugsweise Frauen, Kinder und Christen, aufgenommen werden.[166] Trotz der breiten Front an Kritik[167] insistierte die Innenministerin der gleichen Partei, Johanna Mikl-Leitner, darauf, dass »so manche versuchen zu negieren, dass Christen besonders gefährdet sind«.[168] Die Position von Spindelegger wurde von Max Santner vom Österreichischen Roten Kreuz mit der überspitzten Kritik bedacht, dass offenbar ChristInnen stärker als andere Menschen unter den Kriegszuständen litten. Aus Spindeleggers Bevorzugung von Menschen bestimmten Geschlechts, bestimmten Alters und bestimmter Religionszugehörigkeit ergibt sich der Ausschluss muslimischer

Männer, ohne dass sie explizit genannt würden. Die rechtspopulistische Website *unzensuriert.at* brachte es mit folgender Schlagzeile auf den Punkt: »Syrien-Flüchtlinge: ÖVP will Christen, SPÖ alle, FPÖ gar keine«.[169] Diese kurze Episode aus dem Jahr 2013, die den Ausschluss geflüchteter Menschen aufgrund ihrer muslimischen Religionszugehörigkeit veranschaulicht, kann als Vorbotin einer gesamteuropäischen Stimmungslage für die darauf folgenden Jahre gelesen werden. Zu dieser Zeit stand der syrische Bürgerkrieg recht isoliert da und hatte die Terrororganisation Daesh noch nicht den grenzüberschreitenden Kampf angetreten, der die größeren Flüchtlingsbewegungen auslöste. Seit 2015 hat die Darstellung dieses Krieges und seiner Auswirkungen die europäischen Debatten über Migration und Islam geprägt. Der ›Wir schaffen das‹-Haltung der Bundesrepublik Deutschland, die mitunter auch ökonomische Interessen verfolgt und die Verjüngung einer alternden Gesellschaft im Blick hat, steht heute eine Allianz von rechtspopulistischen Innenministern entgegen, die an der Festung Europa bauen. Nachdem von einigen politischen Verantwortlichen, unter ihnen der ehemalige Bundeskanzler Sebastian Kurz (ÖVP), die Internierung von geflüchteten Menschen auf Inseln – danach in Ländern Nordafrikas – vorgeschlagen wurde,[170] forderte Kurz während der österreichischen EU-Ratspräsidentschaft, dass EU-Länder Schiffe aus Nordafrika nicht mehr anlegen lassen sollten.[171] An diesem Beispiel wird deutlich, wie eine zu Beginn islamophob argumentierende Einschränkung des Asylrechts später dermaßen ausgeweitet wird, dass sie alle Gruppen, seien es nun ChristInnen, Frauen oder Kinder, betrifft.

Diese Tendenz veranschaulicht auch die Politik des derzeitigen Präsidenten der Vereinigten Staaten, Donald Trump. Der O-Ton aus seinem Wahlkampf »Der Islam hasst uns«[172] war nur ein Vorbote für die spätere Einführung des Einreiseverbots für Menschen aus mehrheitlich muslimischen Ländern, des sogenannten Muslim Ban. Das Einreiseverbot trifft letztendlich unzählige Menschen, unabhängig von ihrer religiösen Zugehörigkeit. Gleichzeitig knüpft es an diskriminierende Praktiken an, wie sie zuvor schon gegen andere Personengruppen geübt wurden, wie etwa gegen die 120.000 JapanerInnen, die während des Zweiten Weltkrieges interniert wurden[173], oder auch an das Verbot der Einfuhr von versklavten MuslimInnen aus Afrika.[174]

Ausdehnung sicherheitspolitischer Maßnahmen

Speziell nach dem 11. September 2001 wurden sicherheitspolitische Maßnahmen ergriffen, die dazu führten, dass von WissenschafterInnen sowie zivilgesellschaftlichen AkteurInnen bald vor einem Überwachungsstaat gewarnt wurde. Viele der Gesetzesnovellierungen basierten auf einem Diskurs, der vor der ›islamischen Gefahr‹ warnte und nach mehr Sicherheit verlangte. Obwohl diese Maßnahmen letztendlich größere Teile der Bevölkerung betreffen, sind sie in erster Instanz auf MuslimInnen zugeschnitten. Infolge der Anschläge auf das World Trade Center in New York begannen das Department of Justice (DOJ) und das FBI, sich verstärkt mit muslimischen, arabischen sowie südostasiatischen Communities auseinanderzusetzen. Bundesweit organisierte das FBI mehr als 500 Treffen mit über 600 Organisationen und Moscheen, und das DOJ hielt mehr als 250 Foren ab.[175] Diese Initiativen basierten auf der Annahme, dass diese Gruppen – je politischer und religiöser – besonders anfällig für Terror seien.[176]

Großbritannien und die Niederlande waren in Europa die ersten Länder, die sogenannte Antiradikalisierungsprogramme durchführten, die systematisch für MuslimInnen konzipiert waren. Arun Kundnani und Ben Hayes zeigen in ihrer umfassenden Analyse,[177] dass, von diesen beiden Ländern ausgehend, Programme auch in anderen Staaten umgesetzt wurden, um dann von der Europäischen Union sowie den Vereinten Nationen übernommen zu werden. Die Resolutionen 2178, 2354 und 2396 verpflichteten Mitgliedstaaten dazu, sogenannte Countering-Violent-Extremism-Programme (CVE) in ihren Ländern umzusetzen. Während der Begriff der ›Radikalisierung‹ vor 2004 in der Sprache der Antiterrorbekämpfung nicht existierte, ist er inzwischen so sehr normalisiert worden, dass er aus der Alltagssprache nicht wegzudenken ist. OptimistInnen hofften, dass dieser umfassende Ansatz der Terrorbekämpfung den kruden Formen des Kampfes gegen den Terror – militärische ›harte‹ Gewalt – etwas entgegensetzen würde, eine Annahme, die sich bald als falsch herausstellen sollte. Mit der globalen Ausbreitung von Antiradikalisierungsprogrammen kam es auch zur weltweiten Minimierung der Menschenrechte und insbesondere zur Schwächung der Zivilgesellschaft. CVE-Programme zielten in ihrer Durchführung auf die Kooperation mit muslimischen Gemeinschaften, Ausbildungsprogramme, PR-Kampagnen, Beobachtungsprogramme und ideologische Interventionen bei Individuen. Während das meiste hier Aufgelistete bei einem ersten Hinhören unproblematisch klingen mag, ist es die Ausweitung von Staatsbefugnissen mit dem Ziel, dem Terrorismus entgegenzuwirken, die bedenklich stimmt. Die Palette an Interventionen staatlicher Behörden geht von der Überprüfung von Einzelpersonen und Organisationen bis hin zur versuchten Beeinflussung des Denkens. Entsprechend viele AkteurInnen werden damit auch in diese Programme inkludiert, von MusikerInnen bis zu LehrerInnen. Arun Kundnani und Ben Hayes veranschaulichen, dass die CVE-Programme keine

> Alternative zur Versicherheitlichung sind, sondern ein Mittel zur Versicherheitlichung von weiteren Bereichen; sie sind keine Alternative zu Gewaltmitteln von Regierungen, sondern eine Möglichkeit für mehr Versicherheitlichung und Unterdrückung; und sie sind kein geeignetes Mittel für Partnerschaften mit der Zivilgesellschaft, sondern entsprechen dem Ansinnen, diese zu instrumentalisieren.[178]

In den USA wurden Vorläufer von CVE-Programmen mit 2007 in Form des ›Implementation Plan for Empowering Local Partners to Prevent Violent Extremism in the United States‹ (kurz:

SIP) eingeführt. Diese erinnerten an Vorgängerprogramme aus den 1960er Jahren wie COINTELPRO (Counter Intelligence Program), die sich gegen emanzipatorische schwarze Bewegungen richteten.[179] CVE-Programme wurden später unter Präsident Barack Obama eingerichtet.[180] Bereits davor gab es Spionageprogramme, die explizit auf MuslimInnen ausgerichtet waren. Mehrere Zeitungsartikel wie etwa in der *New York Times*, die dies öffentlich machten, sowie umfassende Analysen[181] führten dazu, dass die Bevölkerung darauf aufmerksam gemacht wurde. So wurde z.B. bekannt, dass Privatgespräche von MuslimInnen in Moscheen und Cafés von der Polizei protokolliert und Menschen nach ihren persönlichen Einstellungen befragt wurden. Nach mehrjährigen Gerichtsverhandlungen erhielten die MuslimInnen, die gegen diese Spähprogramme geklagt hatten, Recht und wurden von der New Yorker Polizei entschädigt.[182] Derartige Programme sind nicht auf die USA beschränkt. Bekannt und öffentlich thematisiert wurden sie selbst in Ländern wie Japan, das eine schwindend geringe Anzahl an MuslimInnen beheimatet.[183]

Louise Cainkar hat in ihren Feldstudien in Chicago zwischen 2002 und 2005 aufgezeigt, wie der Prozess der Deamerikanisierung und Entfremdung im Zuge des Sicherheitsdiskurses MuslimInnen zu ›Anderen‹ gemacht hat. Sie zeigt auf, dass die Praxis der sprachlichen und politischen Ausgrenzung zur Internalisierung dieser ›Andersheit‹ aufseiten der Betroffenen geführt hat. Sie internalisierten die Angst, die Beobachtung, ethnisches Profiling sowie die Konsequenzen diskriminierender Gesetzgebung.[184] Andere Studien arbeiteten heraus, welche direkten Konsequenzen die stärkere Beobachtung von MuslimInnen durch Sicherheitsbehörden mit sich zog. So macht z.B. Alexander J. O'Connor deutlich, dass viele MuslimInnen ihr Verhalten präventiv verändern, um nicht unter staatliche Beobachtung zu kommen.[185] Khaled Beydoun hat in seinen Arbeiten aufgezeigt, wie CVE-Programme in den USA insbesondere arme, kürzlich immigrierte MuslimInnen und oft Schwarze, die in urbanen Räumen leben, treffen, da dort polizeiliche Gewalt präsenter ist.

Beydoun veranschaulicht in seiner Studie Folgendes: Die sozioökonomisch prekärer situierte, arbeitende Klasse US-amerikanischer MuslimInnen ist am meisten betroffen und dem Misstrauen der Behörden ausgesetzt. Zudem zeigt er auf, dass diese Gruppe von MuslimInnen besonders häufig von der Polizei ausgespäht wird.[186]

CVE-Programme tragen in den jeweiligen Ländern unterschiedliche Namen.[187] In einigen europäischen Ländern wurden sogenannte Deradikalisierungsprogramme eingeführt. Sie werden oftmals als Querschnittsmaterie betrachtet, für die Töpfe geschaffen werden, aus denen einzelne Projekte im Kampf gegen sogenannte Radikalisierung finanziert werden. Zentral für diese Politikformulierung ist die Legitimation durch scheinbares Fachwissen. So liefert der Professor für Islamische Religionspädagogik an der Universität Wien, Ednan Aslan, immer wieder mit angeblichem Expertenwissen eine Legitimation für Interventionen vonseiten der Behörden. Das ist vermutlich auch der wichtigste Grund, warum er von rechten Kreisen wie den Identitären zitiert wird.[188] So behauptete er bei einem Interview mit dem ORF, dass alle muslimischen Organisationen in Österreich das Ziel von Daesh, einen islamischen Staat zu gründen, teilten.[189] Zudem erklärte er, dass alle islamisch-theologischen Fakultäten außerhalb Europas die Theologie von Daesh lehrten.[190] Aslan war mitunter als Experte zu Weiterbildungskursen für 180 LehrerInnen geladen, wo er zum Thema Radikalisierung referierte. Dabei präsentierte er eine Reihe von Merkmalen, die es den LehrerInnen erleichtern sollten, Radikalisierung bei MuslimInnen zu erkennen.[191] Mitunter behauptete er, dass die häufige Verwendung von arabischen Termini wie etwa Subhanallah (gepriesen sei Gott), Mashallah (wie Gott es will), Yaani (nichtreligiöser Begriff für ›sozusagen‹), Munafiq (Heuchler), Kafir (Glaubensverweigerer), Muschrik (Götzendiener) und Achi (Bruder) auf Extremismus hindeute.[192] Mit Ausnahme zweier Begriffe (Kafir und Muschrik) entstammen alle der Alltagssprache und sind häufig bei MuslimInnen zu finden. Dieses Beispiel für eine konkrete Maßnahme im Kampf gegen Radikalisierung stellt keinen Einzelfall dar. Damit wird einer großen Gruppe von MuslimInnen eine potenzielle Radikalität unterstellt, was bei uninformierten Personen hysterisches und überzogenes Verhalten auslösen kann.

In den letzten Jahren wurden die Deradikalisierungsmaßnahmen durch Programme ausgebaut, die auf das ›Denken‹ der Menschen abzielen. Mit den sogenannten Countering-Non-Violent-Extremism-Programmen versuchen AkteurInnen, insbesondere das Denken von MuslimInnen zu verändern.[193] Auch diese Maßnahmen schließen sich lückenlos an einen Diskurs an, der den Islam per se als rückschrittliche, dem Zivilisationsbegriff fremde Religion versteht. Damit einhergehend werden Maßnahmen eingeführt, die die Europäisierung des Islams als Assimilationsstrategie verwenden,[194] oder eine islamische Theologie unter staatlicher Aufsicht implementieren wollen.[195] Diese Maßnahmen gehen so weit, dass selbst vierjährige Kinder nach radikalen Tendenzen befragt werden.[196]

Die Ausdehnung sicherheitspolitischer Maßnahmen kann von autoritären Regimen für noch weitergehende Eingriffe genutzt werden, wie das Beispiel der Region Xinjiang im Westen der Volksrepublik China zeigt. Lange Zeit offiziell verschwiegen, gab die chinesische Führung spät im Jahr 2018 bekannt, dass dort MuslimInnen der Gruppe der Uiguren in Indoktrinierungscamps festgehalten und einem Umerziehungsprogramm unterzogen werden. Die Anzahl liegt bei mehreren Hunderttausenden, manche sprechen sogar von einer Million.[197] Von offizieller Seite der Volksrepublik hieß es nach langer Zeit der Leugnung, es handle sich um humane Zentren zur Arbeitsausbildung. Die regionalen Verantwortlichen sprechen von humanen und legalen Maßnahmen gegen den Terrorismus, die zudem den Uiguren die Möglichkeit einräumten, Kurse in chinesischer Sprache zu besuchen und Gesetzestreue zu entwickeln. Zwar hätten sich die Internierten rein juristisch nichts zuschulden kommen lassen, es lägen aber Verdachtsmomente vor, die eine Deradikalisierungskampagne rechtfertigten.[198] Seit Mitte 2018 wird dieses Vorgehen vonseiten der westlichen und internationalen Gemeinschaft deutlich kritisiert, doch war die chinesische Regierung in der Lage, ihre Maßnahmen mit Verweis auf Resolutionen der Vereinten Nationen zu rechtfertigen.[199] Die letzten Berichte legen nahe, dass die Lager auch die Funktion von Arbeitslagern haben.[200] Inhaftierte erzählen davon, dass sie wegen der Rezitation von Koranversen im Rahmen einer Beerdigung in diese Lager geschickt wurden.[201] Gebetsteppiche, religiöse Literatur und dergleichen gelten als Indikatoren für Radikalisierung. Andere Menschen müssen wöchentlich Verhöre über sich ergehen lassen, ja, ihnen werden Überwachungskameras ins Wohnzimmer gestellt. Es werden von Verdächtigen biometrische Daten und DNA-Proben genommen.[202] Damit gleicht die Situation in Xinjiang einer Orwell'schen Dystopie basierend auf der Negativmarkierung ›Islam‹.

Legitimation von Gewalt und Krieg

In *The Muslims are coming!* zeigt Arun Kundnani auf, dass die Politikgestaltung in Ländern wie den USA und Großbritannien primär durch die Brille der ›Versicherheitlichung‹ betrachtet wird. Die Markierung von MuslimInnen als radikal und extremistisch sei dabei in beiden politischen Lagern zu beobachten, auf der konservativen wie auch auf der liberalen Seite. Er macht darauf aufmerksam, dass mit dem Verweis auf Religion als Ursache aller politischen Probleme ökonomische sowie soziale Faktoren außen vor gelassen würden.[203] Zudem ist nicht auszublenden, dass westliche politische Kräfte ihren Beitrag zu dem politischen Extremismus geleistet haben, der heute in der muslimischen Welt anzutreffen ist. Mahmoud Mamdani hat bereits 2005 in seinem Werk *Good Muslim, Bad Muslim* behauptet, dass die Vereinigten Staaten eine zentrale Rolle bei der Entstehung des globalen Dschihad gespielt hätten, indem sie die Mujahedin erstmals ausgebildet hätten, um sie gegen die Sowjetunion einzuspannen.[204]

Deepa Kumar arbeitet die Bedeutung von Islamophobie in der amerikanischen Kriegsführung heraus. In *Islamophobia and the Politics of Empire* veranschaulicht sie den Übergang von der Kolonisation der muslimischen Welt durch europäische Mächte zur Dominanz der USA nach dem Zweiten Weltkrieg. Dieser Prozess basiere wiederum auf der Politisierung des Islams gegen die Sowjetunion und der anschließenden Sicherung US-amerikanischer Interessen in der Region des Mittleren und Nahen Ostens. Kumar zeigt auch auf, dass der Krieg gegen den Terror zur weiteren Legitimation der Einmischung der USA in dieser Region ebenso beigetragen hat wie zum Wachstum der Militärindustrie.[205] Ein Teil der Kriegspropaganda bestand auch darin, den Feind als islamischen Fanatiker darzustellen. So wurde etwa für den Einmarsch in Afghanistan damit argumentiert, die USA würden afghanische Frauen von der männlichen Vormundschaft befreien; bildhaft gemacht wurde dies mit der von den Taliban den Frauen aufgezwungenen Burka.[206] Die Konzeptionalisierung von Kriegsführung als medialer Event führte nicht nur terroristische Gruppen wie al-Qaida, sondern auch das Pentagon dazu, Kriegsaktionen mit entsprechenden Public-Relations-Bildern zu verknüpfen und so Legitimationsstrategien zu pflegen.[207]

Die erste erfolgreiche Medienstrategie des amerikanischen Verteidigungsministeriums wurde während des Zweiten Golfkrieges gegen den ehemaligen Verbündeten der USA, Saddam Hussein, durchgeführt. Der irakische Präsident wurde zum feindlichen Diktator dämonisiert und arabische Verbündete mit ökonomischen Anreizen gegen ihn eingespannt. Es wurden ›Pools‹ von Journalisten eingerichtet, um sie abseits des militärischen Kriegsgefechts zu informieren. Diese Pools wurden unter Militärbegleitung zu ausgewählten Plätzen geführt und erhielten Interviews nur in Anwesenheit des Militärs. Fotos durften nicht veröffentlicht werden, ohne dass das Militär sie zuvor gesichtet und freigegeben hätte. Dadurch sollte eine entsprechend positive Berichterstattung gewährleistet werden. Medien wurden inspiziert, manipuliert und belogen. Sie wurden dadurch mit dem

Zweiten Golfkrieg zu einem direkten Mittel des Militärs, das sie nicht nur kontrollieren, sondern zu seinen Zwecken nutzen konnte, schreibt Eric Louw.[208] Allerdings stand das Pentagon nach dem Ende des Taliban-Regimes vor einem PR-Problem, denn die Befreiung der afghanischen Frau von der Burka war nicht erreicht worden.[209]

Mord und Genozide

Dass Worte des Hasses, der Ausgrenzung und der Entmenschlichung zu entsprechenden Taten führen, ist naheliegend. In westlichen Gesellschaften wird immer wieder vereinzelt von Personen – insbesondere aus dem rechtsextremen Teil des politischen Spektrums – von der Abschiebung von MuslimInnen gesprochen. Vorbilder für eine solche Abschiebepolitik fanden sich zuletzt in Indien[210] und Australien, wo von einer »Endlösung« (Senator Fraser Anning in Australien)[211] die Rede war. Auch Terrorattentate von Einzelpersonen, die sich in einem breiteren gedanklichen Austausch mit anderen Gleichgesinnten befinden und an öffentliche Debatten anschließen können, stehen im Zusammenhang mit islamophoben Weltverschwörungstheorien: so die Ermordung von 77 Jugendlichen durch Anders Behring Breivik[212] in Norwegen oder die Tat des Christchurch-Attentäters Brenton Tarrant aus Australien, der in zwei Moscheen 50 Menschen erschoss. Gleichzeitig gibt es auch in jüngster Zeit Genozide, die auf islamophober Ideologie basieren und mithilfe islamophober Mobilisierung durchgeführt werden.

In Myanmar werden MuslimInnen seit langer Zeit verfolgt. Zuerst wurden sie von den dortigen Buddhisten als Gehilfen der britischen Kolonialmacht wahrgenommen, während sie später strukturell diskriminiert und immer wieder Opfer von Gewalt wurden. Extremisten, die von buddhistischen Mönchen indoktriniert werden, spielen dabei eine zentrale Rolle. Betroffen ist die gesamte muslimische Minderheit, die insgesamt 4 % der

Gesamtbevölkerung ausmacht und oft als Rohingya bezeichnet wird. Die Rohingya, welche mit der Staatsgründung 1948 keine Staatsbürgerschaft erhielten, anfangs dennoch politische Positionen übernahmen, wurden mit dem Putsch im Jahre 1962 aus der neu entworfenen politischen Kollektividentität der buddhistisch-burmesischen Nation systematisch ausgegrenzt. Mit dem 1974 erlassenen Einwanderungsausnahmegesetz wurden die MuslimInnen dazu gedrängt, sich als AusländerInnen registrieren zu lassen. Seither gelten die Rohingya im kollektiven Verständnis als die ›inneren fremden Feinde‹. Die Wahl der Nobelpreisträgerin Aung San Suu Kyi zur Regierungschefin und das Ende der Militärherrschaft änderten daran nichts. Mit der formalen Demokratisierung bewegen sich die zwei stärksten Parteien dennoch innerhalb eines nationalistisch geprägten buddhistischen Diskurses, der von der Einheit der buddhistischen und nationalen burmesischen Identität ausgeht. Extremistische buddhistische Gruppierungen wie MaBaTha und die 969-Bewegung produzieren unter politischer Duldung regelmäßig islamophobe Propaganda und indoktrinieren BuddhistInnen in religiösen Diskursen. Basierend auf der rechtlichen Ungleichbehandlung, welche die MuslimInnen im Zuge der Geburt des neuen Nationalstaates ohne Staatsbürgerschaft ließ, wurden sie vom Militär schikaniert, wurde ihr Eigentum konfisziert, wurden sie zu Zwangsarbeit verpflichtet, wurden ihre Frauen und Kinder entführt und vergewaltigt. Die Propaganda von extremistischen Organisationen wie der 969-Bewegung spielt eine zentrale Rolle bei der Prägung der öffentlichen Meinung. Aus Sicht der 969-Bewegung sind MuslimInnen BetrügerInnen, die das Land ökonomisch an sich reißen wollen, und insbesondere Männern wird unterstellt, sie heirateten systematisch buddhistische Frauen, um diese zum Islam konvertierten zu lassen. Seit 2012 werden MuslimInnen vom Militär, von ExtremistenInnen und der Polizei systematisch massakriert. Offiziell sprechen die Behörden davon, dass MuslimInnen selbst ihre Häuser in Brand setzten und von sich aus das Land verließen.[213] Bis Dezember

2017 waren insgesamt 600.000 MuslimInnen auf der Flucht, mehrere Tausend kamen zu Tode. Auch in Indien, wo es schon länger ein strukturelles Problem mit MuslimInnen gibt,[214] bahnt sich derzeit deren Ausgrenzung – wie auch die der bengalischen Hindus – an. Nur 19 von 32 Millionen MuslimInnen wurden im Jahre 2018 im Zuge der ersten indischen Volksregistrierung seit 1951 aufgenommen, was das Schicksal von circa 13 Millionen in die Hände der nationalistischen BJP-Regierung legt. Mehrere Millionen MuslimInnen fürchten deshalb, dass ihnen die Staatsbürgerschaft entzogen wird.[215]

Um ein Beispiel für systematische Gewaltausübung zu finden, genügt es aber, auf ein Land in unmittelbarer Nähe zu den deutschsprachigen Ländern zu blicken. Am Beispiel von Bosnien und Herzegowina lässt sich zeigen, wie auf Worte Taten folgen und nationalistische Mobilisierung mithilfe islamophober Argumentation zu einem Genozid führen kann. Während des Krieges von 1992 bis 1995 fand auf europäischem Boden das schwerste Kriegsverbrechen nach dem Holocaust statt. Die Tatsache, dass dieser Genozid nach dem Zweiten Weltkrieg mitten in Europa passieren konnte, sollte ein Warnsignal darstellen. Unter den damaligen Kriegsverbrechen ist das von Srebrenica am bekanntesten. Dort wurden im Juli 1995 mehr als 8000 Bosniaken – fast ausschließlich Männer im Alter zwischen 13 und 78 Jahren – unter der Federführung von Ratko Mladićs Armee der Republika Srpska trotz Anwesenheit von Blauhelmsoldaten systematisch ermordet.[216] Der damalige Generalsekretär Kofi Annan sagte dazu: »Srebrenica ist eine Tragödie, welche die Vereinten Nationen durch ihre gesamte Geschichte verfolgen wird«.[217] Die Begründung für die systematische Vergewaltigung muslimischer Frauen und die systematische Ermordung muslimischer Männer bestand darin, dass sie der Errichtung eines Großserbischen Reichs im Wege standen. Nach dem Tod von Josip Broz Tito, der von 1945 bis 1980 Präsident Jugoslawiens war, entstand in Serbien eine intellektuelle Elite, die sich der nationalistischen Agenda annahm und mit ihrem Diskurs die neue politische Führungsebene mitprägte. Sie stellte die bosnischen MuslimInnen als moralische Abweichler, den Islam als minderwertige und unmoralische Religion und letztendlich die MuslimInnen als Gefahr dar. So schrieb der serbische Poet Milan Pantović 1995 in einem Gedicht:

> Sie [die MuslimInnen, FH] werden unsere Kreuze zu Mondsicheln machen
> Sie werden unsere Priester zu Imamen machen
> Und unseren Glauben zum Islam machen
> Um also uns zu erhalten, das Kreuz wie unsere Namenstage
> Deswegen müssen wir entsprechend handeln: Feuer mit Feuer bekämpfen.[218]

Am Beispiel Srebrenica zeigt sich, wie heute verschiedene politisch Verantwortliche damit umgehen. Es gibt nicht nur mahnende Worte der Erinnerung, sondern auch – insbesondere aufseiten serbischer PolitikerInnen – eine Glorifizierung des Genozids, die eine Wiederholung der Gräueltaten in Aussicht stellt.[219] Die Republika Srpska hat den Srebrenica-Bericht aus dem Jahr 2004, in dem die Opferzahl der bosniakischen MuslimInnen festgelegt wurde, annulliert.[220] Als Kofi Annan im Jahre 2018 verstarb, weigerten sich die serbischen und kroatischen Präsidiumsmitglieder, ein Kondolenzschreiben aufzusetzen, da sich der ehemalige Generalsekretär der UNO seinerzeit für die Fehler in Srebrenica entschuldigt hatte.[221]

Dass die Verharmlosung derartiger Gewaltexzesse nicht auf eine bestimmte Gruppe beschränkt ist, zeigt das Beispiel des Norwegers Anders Behring Breivik, der in seinem 1500 Seiten umfassenden Manifest deutlich machte, was die Motivation für seine Tat war. Breivik gab vor, das christliche Abendland vor der Islamisierung – ausgehend von MarxistInnen, IslamistInnen und heidnischen KapitalistInnen – schützen zu wollen. Interessant ist in diesem Zusammenhang, dass in den ersten medialen Reaktionen von *Der Spiegel* über die *Welt* bis *Österreich* davon ausgegangen wurde, dass es sich hierbei um einen islamistischen Anschlag handle.[222] Wichtiger aber ist, wie sehr Breivik in seinem Manifest nicht nur an islamophobe Diskurse aus dem rechten Milieu anknüpfte, sondern durchaus auch an Mainstream-Debatten. Das führte dazu, dass die von ihm zitierten öffentlichen Stimmengeber, darunter Henryk M. Broder, sich von Breivik distanzieren mussten.[223] Noch interessanter aber ist, dass eine der bedeutendsten öffentlichen islamophoben Stimmen, Ayaan Hirsi Ali,[224] aus deren Werk sich Breivik ebenfalls in seinem Manifest bediente, diesen in Schutz nahm. Ayaan Hirsi Ali beklagt, wie insgesamt viele VertreterInnen des rechten politischen Spektrums, politische Korrektheit und sieht durch sie ihre Meinungsfreiheit eingeschränkt, obwohl gerade Alis Bücher hoch gepriesen werden, als Bestseller global in den Bücherregalen zu finden sind und sie sich auf das gute Netzwerk der großen Verlage stützen darf. Als Ali ein Jahr nach dem Attentat den Ehrenpreis des Axel Springer Verlages erhielt, nahm sie selbst in ihrer Dankesrede Bezug auf Breivik:

> [Breivik] mag das Werk von jenen zitiert haben, die sich gegen den politischen Islam in Europa und Amerika aussprechen – mich eingeschlossen. Aber in seinem 1500-seitigen Manifest sagt er nicht, dass es diese Leute waren, die ihn zu Morden inspiriert haben. Er sagt ganz klar, dass es die Anwälte des Schweigens waren. Denn jeder Ausweg, seine Meinung zum Ausdruck zu bringen, wurde zensiert. Er sagt, er hatte keine andere Wahl, als Gewalt einzusetzen.[225]

Ali ist auf eine andere Art gefährlich. Sie gibt sich als Stimme der Vernunft, wird mit Preisen überhäuft und ist heute als Mitarbeiterin in der einflussreichen neokonservativen Denkfabrik *American Enterprise Institute* tätig. Sie ist Mitglied des Council on Foreign Relations, wodurch ihr immer wieder eine Bühne gegeben wird. Langfristig ist sie vermutlich einflussreicher in der Verbreitung antimuslimischer Positionen als ein Anders Behring Breivik, der seine Tat schlussendlich als Einzelperson begangen hat, dessen Zeilen aber keine Millionen ZuhörerInnen und LeserInnen gefunden haben, die seine Inhalte schätzen und teilen.

Zentrale Funktionen des antimuslimischen Rassismus

Macht, Identitätspolititk und Ablenkung von sozioökonomischen Bedürfnissen

Wie jede andere Form des Rassismus dient antimuslimischer Rassismus dem Erlangen, der Stabilisierung und der Ausweitung von Macht. Letztere ist ein zentraler Faktor in der Erklärung islamophober Diskurse und Politiken. In Europa verfolgen viele Oppositionsparteien – insbesondere im rechten Lager – islamophob geprägter Wahlkampfstrategien, um an Macht zu gelangen. Gleichzeitig sind es auch nominell im Mitte-rechts-Spektrum angesiedelte Regierungsparteien, die sich solcher Diskurse bedienen, um ihre Machtposition zu erhalten. Zudem dient die Umsetzung islamophober Politiken auch der Ausweitung von Machtpositionen. So ist die Regulierung von privater Lebensführung wie etwa durch Kopftuchverbote ein erster Schritt des Staates, tiefer in den privaten Bereich einzudringen. Ein solches Eindringen eröffnet immer auch die Möglichkeit, Politiken mit ähnlicher Logik auf andere Bevölkerungsgruppen auszuweiten.

Dass Islamophobie ein Mittel der Identitätspolitik ist, lässt sich besonders gut an Wahlkämpfen rechtspopulistischer Parteien ablesen. So plakatiert die rechte Freiheitliche Partei Österreichs (FPÖ) seit 2005 bei regionalen bis zu europäischen Wahlkämpfen immer wieder Slogans, die auf die Ausgrenzung der ›MuslimInnen‹ und des ›Islams‹ aus dem kollektiven ›Wir‹ zielen, wie »Wien darf nicht Istanbul werden« (Wien-Wahl 2005), »Pummerin statt Muezzin« (Wien-Wahl 2005), »Daham statt Islam« (NR-Wahl 2006), »Kein Daham dem Radikal-Islam« (Graz-Wahl 2008), »Glockenklang statt Muezzingesang« (Tirol-Wahl 2008), »Abendland in Christenhand« (EP-Wahl 2009). Der Rassismus gegenüber dem ›ethnisch Anderen‹ in den 1990er

Jahren wich dem Rassismus gegenüber ›Islam‹ und ›MuslimInnen‹. Schlagworte wie »Islamisierung Österreichs/Europas«, »Islamisierungs-Tsunami« und »Zuwanderungs-Islam«[226] wurden von der FPÖ bedient, um vor dem Phantom einer Islamisierung zu warnen. Die FPÖ-Bundespräsidentschaftskandidatin Barbara Rosenkranz sprach von einer »Zuwanderung aus Kopftuchländern«,[227] die es zu stoppen gelte. »Radikal-islamistisch« und »Großmoscheen« sowie »Moscheenwildwuchs«[228] wären weitere Beispiele für Wortbildungen, deren Funktion es ist, verschiedene Termini zusammenzuführen und dabei einen nicht genauer definierten Zusammenhang herzustellen, um mithilfe dieser Ungenauigkeit die tatsächliche Relation zu verschleiern und zu suggerieren, dass das Problem beim Islam selber liege. In Deutschland hieß es ähnlich vonseiten der rechtsextremen Nationaldemokratischen Partei Deutschlands (NPD): »Sag Nein zur Moschee, wähl NPD«,[229] »Maria statt Scharia«,[230] »Minirock statt Minarett«.[231] Die rechtspopulistische Alternative für Deutschland (AfD) hat diesen erfolgreichen Kurs, der aus Ländern wie Österreich bekannt ist, auch in Deutschland weitergeführt. Dort reproduzieren immer wieder Plakate wie »Burka? Ich steh mehr auf Burgunder«, »Der Islam? Passt nicht zu unserer Küche« (mit einem Schwein im Hintergrund abgebildet), »Burka? Wir steh'n auf Bikinis« diesen Gegensatz zwischen dem ›Wir‹ und den ›muslimischen Anderen‹. Diese von rechten Parteien betriebene Identitätspolitik zielt zum einen auf Ausgrenzung der ›muslimischen Anderen‹, zum anderen auf Konstituierung eines ›Wir-Gefühls‹. ›Wir‹ sind ›Bikini‹ und ›Minirock‹, ›wir‹ sind ›Schweinefleisch-Verzehrer‹, ›wir‹ sind ›Verteidiger der christlichen Maria‹. Die Perspektive, aus der gesprochen wird, ist die männliche, weiße. Sie beherrscht auch die Plakate der AfD, die mit den oben angeführten zusammen eingesetzt wurden: »Neue Deutsche. Machen wir selber« zeigt eine weiße Frau – damit wird deutsche Identität an der Hautfarbe festgemacht.

Ein weiterer wichtiger Aspekt, der eng mit der Identitätspolitik in Verbindung steht, ist die Ablenkung von übergeordneten sozioökonomischen und politischen Fragen, die die gesamte Bevölkerung betreffen und nicht nur scheinbar eine kleine Minderheit. Ein Beispiel hierfür wäre die Rechtsregierung in Österreich. Mit der Einführung des 12-Stunden-Tages, der Streichung der Hälfte des Budgets für den Arbeitsmarktservice und der daraus erwachsenden Ankurbelung des Niedriglohnsektors, der Halbierung der Körperschaftssteuer für Unternehmen, der Einführung des Steuerbonus für Kinder, der aber viele GeringverdienerInnen bzw. AlleinverdienerInnen nicht betrifft, werden vor allem Wohlhabende gefördert, während gleichzeitig Personen mit niedrigerem Einkommen weniger bekommen und Schwächere und Marginalisierte prekären Lebensverhältnissen entgegentreiben. Damit geht eine Identitätspolitik einher, die von diesen wichtigen sozioökomischen Einschnitten abzulenken versucht. Mit symbolisch aufgeladenen Identitätspolitiken wird versucht, marginalisierte Gruppen als Sündenböcke für gesellschaftliche Fehlentwicklungen zu markieren und einen emotionalisierten Kampf gegen sie zu führen – und zugleich die ökonomischen und politischen Interessen der Dominanzgesellschaft zu sichern. Zu den oben angeführten ökonomischen Einschnitten passen Identitätspolitiken wie die Einführung eines Kopftuchverbots für Kindergartenkinder und Volksschulkinder bis zum 10. Lebensjahr. Die Rechtsregierung drohte zudem die Schließung von Moscheen an und bot mit einem theatralischen Aufgebot von Bundeskanzler, Vizekanzler, Innenminister und Kultusamtstaatssekretär bei einer Pressekonferenz eine Show im Kampf gegen den politischen Islam. In Spielfeld wurde eine Grenzschutzübung mit dem Namen »ProBorders« durchgeführt, die einen Ansturm von MigrantInnen simulieren sollte. All diese symbolischen Politiken, die wenig Nachhaltigkeit zeigen, veranschaulichen, wie eine Regierung versucht, mithilfe von emotional aufbereiteten Themen (Immigration, Kopftuch, Moschee, politischer Islam) Diskurse anzustoßen, die von tiefgreifenden Einschnitten in das Leben vieler ablenken sollen.

Dieses Zusammenspiel von Macht- und Identitätspolitik soll anhand eines konkreten Falles, der Debatte über islamische Kindergärten in Wien, veranschaulicht werden.

Fallbeispiel islamische Kindergärten

Am 9. Dezember 2015 präsentierte der damalige Integrationsminister Sebastian Kurz den Zwischenbericht zu einer von ihm in Auftrag gegebenen Studie über die angebliche Radikalisierung in muslimischen Kindergärten,[232] die von dem Wiener Religionspädagogen Ednan Aslan durchgeführt wurde. Deutlich wurde dabei, dass es der konservative Politiker damit insbesondere auf die sozialdemokratisch geführte Regierung in Wien abgesehen hatte. Die Methode des Zwischenberichts wurde von mehreren WissenschaftlerInnen, unter ihnen Andrea Schaffar und Susanne Heine, stark kritisiert.[233] Obgleich in Wien an die 450 muslimische Kindergruppen und 150 muslimische Kindergarteneinrichtungen existieren, wurden in dem Zwischenbericht lediglich vier Kindergärten untersucht.[234] Während sich die zuständigen PolitikerInnen von der Anschuldigung, in muslimischen Kindergärten würden extremistische Inhalte verbreitet,[235] distanzierten, gab es auf Ebene der BeamtInnen dennoch Konsequenzen.

Bevor auf den Verlauf der Debatte eingegangen wird, soll grundsätzlich hervorgehoben werden, dass es juristisch keine Kategorie ›islamische Kindergärten‹ gibt. Tatsächlich wurde die Identifikation von ›muslimisch/islamisch‹ mit Blick auf Namen der organschaftlichen VertreterInnen der BetreiberInnenvereine vorgenommen.[236] Dieses Detail ist kaum öffentlich diskutiert worden. Vielmehr wurde die Kategorie ›islamische Kindergärten‹ von vielen als selbstverständlich hingenommen. In anderen Ländern wäre dieser Schritt vermutlich bereits als *Racial Profiling* kritisiert worden. Er zeigt auch die weitgehende Akzeptanz der Kriminalisierung muslimischer Identität.

So berichtet das Personal von muslimischen Kindergarteneinrichtungen, dass es von BeamtInnen gefragt wurde, ob den Kindern das Gebet oder das Rezitieren des Korans beigebracht werde, welche Sprachen sie sprächen und ob sie Weihnachten und Nikolaus feierten.[237] Das Feiern dieser Feste sei österreichische Tradition und müsse stattfinden. Doch der 66 Seiten umfassende Bildungsplan der Wiener Regierung enthält an keiner Stelle die Begriffe ›österreichische Werte‹ oder ›Tradition‹. Die Besuche von Beamten bei muslimischen Kindergarteneinrichtungen wurden in der Öffentlichkeit nicht thematisiert. Vielmehr publizierten mehrere Tageszeitungen immer wieder Artikel über eine angebliche Verbreitung extremistischer Ideen und angebliche Indoktrination in muslimischen Kindergärten. An vorderster Stelle standen hierbei die Boulevardzeitungen. Die auflagenstärkste Boulevardzeitung, die *Kronen Zeitung*, behauptete, dass muslimische Kindergärten in Wien Personal mit Gesichtsschleier hätten. In dem gleichen Artikel wurde ein Buch mit dem Titel *Keine Toleranz den Intoleranten* gepriesen, dessen Autor Alexander Kissler behauptete, dass Europa naiv sei und eine Beschwichtigungspolitik gegenüber dem militanten Islamismus verfolge.[238] Der Artikel endet mit der Warnung, indoktrinierte extremistische Kinder könnten in zehn bis zwölf Jahren ein größeres Problem darstellen, womit ein direkter Zusammenhang zwischen islamischen Kindergärten und Militanz hergestellt wurde.[239] Die Gratiszeitung *Österreich* veröffentlichte einen Artikel mit dem Titel »Wiener Kindergarten ruft zu Jihad auf«. Darin heißt es: »›Erziehungsziel Jihad‹. Die Anleitung zum ›Kampf mit dem Schwert‹ stammt aus der Feder der verstorbenen Fatima Grimm – Tochter des 300.000-fachen Mörders und KZ-Schlächters [...]«.[240] Obgleich dieser Artikel im Internet weite Verbreitung fand, schrieb lediglich der *Kurier* kritisch dazu und gab auch dem Leiter des Kindergartens eine Stimme.[241]

Neben anderen Boulevardmedien zeigte auch die *Kronen Zeitung* schwer bewaffnete Sondereinheiten zu einem Artikel, der von der Razzia in einer muslimischen Kindergarteneinrichtung handelte. Vorwürfe der Veruntreuung standen im Raum, und der Betreiber musste in U-Haft.[242] Im Kontext des Berichts wurde eine verschleierte Frau abgebildet und so ein Zusammenhang von Gefährlichkeit und Islam hergestellt. Nur wenige Medien setzten sich auch kritisch mit diesen Berichten auseinander.[243] So wurde von einer Person in den Medien behauptet, dass ihr vor zwölf Jahren eine radikale Broschüre zum Dschihad in einem Kindergarten aufgefallen sei. Bernhard Ichner, kritischer Journalist des *Kurier,* deckte auf, dass gegen die Person, die die Klage eingebracht hatte, ein Verfahren wegen nationalsozialistischer Wiederbetätigung lief.[244] Auch die Stadtregierung stellte sich gegen die Anschuldigungen. Dennoch endete der Aufruhr damit, dass Kindergarteneinrichtungen Drohungen erhielten. Ein weiterer Fall, der medial breit diskutiert wurde, war Abdullah P. Dem Betreiber eines islamischen Kindergartennetzwerks wurde in einer Anzeige vorgeworfen, er habe Gelder veruntreut und in seinen Räumlichkeiten seien Sexorgien und Drogenpartys abgehalten worden. Der Beschuldigte wurde nach acht Monaten Untersuchungshaft freigesprochen,[245] was allerdings deutlich weniger Schlagzeilen machte als das in den Monaten davor Geschehene.

Der bereits erwähnte Zwischenbericht zur Studie über islamische Kindergärten des Religionspädagogen Ednan Aslan hatte den Endbericht für Ende Januar 2016 angekündigt. Dieser wurde nicht geliefert. Der *Kurier* begleitete eine Inspektorin bei ihren Besuchen in Kindergärten und blickte differenziert auf die über islamische Kindergärten entfachte Debatte. Eine Kontrolleurin meinte: »Bei keiner einzigen Kontrolle hätte ich auch nur ansatzweise die Befürchtung gehabt, die Kinder könnten in eine bestimmte Richtung gedrängt oder gar in eine Parallelgesellschaft gezwungen werden.«[246]

Dennoch hatte die Debatte eine langfristige Wirkung. Die sogenannte ›Kindergartenstudie‹ wurde von der politischen Opposition wie auch von MedienvertreterInnen regelmäßig in den Islamdiskurs eingebracht. So berichtete die Tageszeitung *Österreich,* dass ihr eine vollständige »Liste der Schulen, die laut Gudenus unter Jihad-Verdacht stehen«, vorliege.[247] Die FPÖ forderte, dass Ednan Aslan damit beauftragt werden solle, eine vergleichbare Studie auch für islamische Schulen in Wien anzufertigen. Trotz der dünnen Beweislage wurde – aufgrund der medialen Debatte – die sogenannte ›Kindergartenstudie‹ für viele zum Abbild der Realität.

Auch Helmut Brandstätter, der Herausgeber des *Kurier*, griff immer wieder auf die sogenannte Kindergartenstudie von Aslan zurück und verallgemeinerte die Ergebnisse dieses Zwischenberichts, der auf einer »Analyse« von vier Kindergärten basiert:

> In Wien hat eine Überprüfung von Kindergärten vor Monaten ergeben, dass Kinder gezwungen werden, Suren des Koran auswendig zu lernen. Daraus alleine kann sich ergeben, dass der Koran über dem staatlichen Recht steht. Hier sind die Aufsichtsbehörden verpflichtet, zu handeln. Wer sich nicht zu 100 Prozent zum Wesen der Republik Österreich bekennt, darf keine Kinder unterrichten. Das ist kein Generalverdacht, sondern ein Hilferuf. Das ist kein Verbot der freien Meinungsäußerung, sondern ein Appell: Wehret den Anfängen.[248]

Mit dem Verweis auf den Zwang zum Koranlernen stellt Brandstätter eine Behauptung auf, die sich so nicht in dem Zwischenbericht findet.[249] Zudem ist zu fragen, worin der Unterschied besteht, wenn ein Kind ein Lied oder wenn es eine Sure aus dem Koran auswendig lernt. Warum wird das eine kriminalisiert, während das andere als Norm und somit als unproblematisch betrachtet wird?

Der Auftraggeber der »Studie«, Sebastian Kurz, konnte mit der dadurch entstandenen Debatte nicht nur seine Oppositionspolitik gegen die Sozialdemokratie weiter verschärfen. Er versuchte auch, die FPÖ rechts abzuhängen, indem er sich auf das Themenfeld ›Feindbild Islam‹ fokussierte. So meinte er während eines öffentlichen Auftritts in der wichtigsten politischen Fernsehsendung Österreichs, ZIB 2: »Wenn tausende Kinder in Wien in islamische Kindergärten gehen und dort in einem rein muslimischen Umfeld aufwachsen, dann schadet das der Integration und schafft Parallelgesellschaften.«[250] Auf die Frage von Armin Wolf, wie andererseits mit katholischen Kindergärten umzugehen sei, antwortete Kurz: »Wenn wir uns die Situation in katholischen Kindergärten anschauen, dann haben wir da mal überhaupt kein Problem mit Transparenz. Wir kommen da leicht hinein. Es wird niemanden geben, der versucht, da irgendetwas zu verheimlichen«.[251] Diese beiden Aussagen zeigen deutlich, wie Kurz hier antimuslimischen Rassismus produziert. Indem er Begriffe aus einem bekannten islamophoben Wortschatz wie Parallelgesellschaft verwendet, bedient er vorhandene Bilder, die den Islam als gesellschaftliche Gefahr zeichnen. Gleichzeitig zeigen seine Aussagen auch deutlich: Rassismus basiert auf der Annahme, dass Menschen nicht gleich sind. Diese Ungleichheit wird durch Begriffe wie Parallelgesellschaft und den Vorwurf der Integrationsunwilligkeit argumentativ hergestellt. Die Konsequenz ist eine ungleiche Behandlung, wie hier im Vergleich zu katholischen Kindergarteneinrichtungen. Während katholische Kindergärten für Kurz transparent und offen sind, wird suggeriert, muslimische seien Einrichtungen, die Dinge verheimlichen. Die Folgen dieses Diskurses sind für ihn entsprechend klar: Es soll zu einer sofortigen Schließung von bestimmten Kindergärten kommen. Genannt werden diese Einrichtungen jedoch nicht. Indem sehr generalisierend gesprochen wird, bleibt ein Generalverdacht gegenüber allen islamischen Kindergärten. Anstatt konkrete Probleme anzusprechen, wird ein verallgemeinernder Diskurs geführt, der es erlaubt, diese islamophobe Haltung weiterzuführen, ohne jemals konkret zu agieren. Das ist vermutlich auch zweckdienlicher, da es bei der gesamten Thematik rund um islamische Kindergärten tatsächlich weder um Extremismus noch um Terror geht, sondern um die Aufrechterhaltung und die (Re-)Produktion von Rassismen, die später eine generelle restriktive Politik gegenüber MuslimInnen sowie eine Ablenkung von bedeutsamen Themen erleichtern soll. Die Entwicklung des Kindergartendiskurses geht deshalb auch in diese Richtung. Die Debatte wird warmgehalten, und die Stereotype der radikale Kinder erziehenden muslimischen Kindergärten werden immer wieder neu aufgewärmt, sodass in der Bevölkerung ein Gefühl der Unsicherheit entsteht und sie Druck auf die Politik ausübt, nun endlich zu handeln.

Eine Befragung des Meinungsforschers Peter Hajek im Auftrag des politisch konservativ gefärbten Österreichischen Integrationsfonds (ÖIF) zeigt deutlich: Drei Viertel der Befragten stimmen nicht der Aussage zu, dass der Islam zu Österreich gehöre. Acht von zehn Befragten sprechen sich für strengere Kontrollen von Moscheen aus, um sogenannten möglichen Radikalisierungstendenzen entgegenzuwirken. 86 % fordern eine strengere Kontrolle potenzieller Auslandsfinanzierungen von Moscheen, 84 % wollen auch eine strengere Kontrolle islamischer Kindergärten. 69 % sprechen sich für ein Kopftuchverbot für Lehrerinnen und Kindergartenpersonal aus. Beim Thema Bildung sind 72 % für eine verpflichtende Teilnahme am Schwimmunterricht ohne Rücksicht auf religiöse Gründe, 88 % für ein verpflichtendes zweites Kindergartenjahr bei schlechten Deutschkenntnissen und 86 % für strengere Kontrollen der Deutschkenntnisse des Kindergartenpersonals.[252] Die erzeugte Stimmung spricht also ganz für die Betreiber dieses Diskurses.

Die Debatte über Kindergärten hatte Auswirkungen auf die Sicherheit von Kinderbetreuungseinrichtungen, die von MuslimInnen geführt werden. So erzählt die Leiterin eines Vereins zur Erhaltung einer privaten Schule, dass viele Angst hätten, in islamischen Kindergärten zu arbeiten. Sie spricht von rassistischen Angriffen und berichtet von einem Mädchen, das auf offener Straße von einer Passantin geohrfeigt wurde, sowie auch von anderen Übergriffen im schulischen Kontext. So wurden etwa SchülerInnen mit Bierdosen beworfen, und ein Sportlehrer wurde aus der U-Bahn gezogen.[253]

Die Debatte wirkte sich aber nicht nur auf die Stimmung in der Bevölkerung aus. Vielmehr hinterließ sie, primär von einem Kreis rund um den konservativen Politiker Sebastian Kurz orchestriert und von der FPÖ befeuert, selbst bei der (linken) Opposition ihre

Spuren. Am 29. April 2017 hielt die SPÖ Wien ihren Parteitag ab. Zur Frage der Bekleidung von muslimischen Frauen gab es zwei Anträge. Einerseits wurde in antirassistischem Sinne ein Antrag gegen ein allgemeines gesetzliches Kopftuchverbot angenommen. Andererseits wurde auch ein Antrag auf Kopftuchverbot in Kindergärten und Volksschulen angenommen.[254]

Im Juni 2017 kochte Sebastian Kurz im Rahmen des Nationalratswahlkampfs die Debatte über islamische Kindergärten erneut auf. Im Rahmen eines Gesprächs mit *Kurier*-Chefredakteur Helmut Brandstätter meinte er ohne Umschweife: »Es braucht sie [die muslimischen Kindergärten, FH] nicht«,[255] denn sie seien sprachlich und kulturell vom Rest der Gesellschaft abgeschottet und würden vom Steuerzahler gefördert. Der Weg zu einem Verbot – um nicht gegen die Antidiskriminierungsrichtlinie zu handeln – solle über eine Verschärfung der Qualitätskriterien gehen, da diese Einrichtungen dann ohnehin nicht mehr förderungswürdig seien und schließlich selbst zusperren müssten, so die von Kurz präsentierte Logik.[256] Für Kurz sind islamische Kindergärten generell »nicht nur religiös, sondern auch ethnisch und sprachlich von der Mehrheitsbevölkerung abgeschottet«.[257] Es geht ihm nicht um die Erhöhung des Bildungsstandards, sondern um die Abschaffung jener Institutionen, die als ›islamisch‹ markiert werden. Nur mithilfe der Markierung von MuslimInnen als ›Andere‹ ist eine solche Forderung überhaupt nachvollziehbar. Die damalige Familien- und Jugendministerin Sophie Karmasin (ÖVP) pflichtete ihm bei und erklärte: »Der Lebenszweck islamischer Kindergärten sind Abschottung und Parallelgesellschaft. Für die betroffenen Kinder ist das langfristig enorm schädlich.«[258] Hier aber widersprach der sozialdemokratische Bundeskanzler Christian Kern; er sprach sich dagegen aus, auf dem Rücken muslimischer Kindergärten einen Wahlkampf zu führen.[259] Der Stadtrat für Bildung in Wien, Jürgen Czernohorszky (SPÖ), erwiderte auf Kurz: »Politik soll Probleme lösen und nicht erfinden«.[260] Ohnehin gab es auch damals schon die problematische Regelung, wonach vor Inbetriebnahme eines Kindergartens die BetreiberInnen vom Verfassungsschutz überprüft werden.[261] Unter dem diskursiven Druck wurde jedoch vonseiten des sozialdemokratischen Stadtrats eine Konkretisierung des Bildungsplans für Kindergärten angekündigt.[262] Es ist also ersichtlich, dass selbst die weltanschaulich konkurrierende Partei zum Handeln aufgefordert wird, wenn generalisierende Rassismen weite Verbreitung finden.

Eine relative Wende in der Debatte führte der Leak der Wochenzeitschrift *Falter* herbei. Unter dem Titel »Frisiersalon Kurz« wurde in einem investigativen Artikel am Beispiel des Korrekturmodus von Word-Dokumenten nachgezeichnet, wie Beamte der Integrationsabteilung des Ministeriums von Sebastian Kurz

> wichtige wissenschaftliche Arbeit an vielen Stellen inhaltlich und nicht nur formal veränder[n], damit sie politisch besser zu einem der dominierenden Wahlkampfthemen von Minister Kurz passt: dem Islam. [...] Nur ein Beispiel: In der Erstversion, die Aslan im Jänner 2016 als Word-Datei bei Sebastian Kurz ablieferte, lobte der WissenschaftlerInnen, dass Eltern ihre Kinder in Islamkindergärten »selbständig, respektvoll und liebevoll erzogen« wissen wollen. Kurz' Beamte, so zeigt der Korrekturmodus des Dokuments, verzerrten den Satz einfach in sein Gegenteil: Die Eltern wollen ihre Kinder ›vor dem moralischen Einfluss der Mehrheitsgesellschaft schützen‹.[263]

Der *Falter* kam zu dem Schluss, dass womöglich Beamte die Thesen derart veränderten, dass sie als Scharfmacher und Zuspitzer fungierten: »Das Kurz-Ministerium verstand sich als politischer Frisiersalon und bürstete die Arbeit des Forschers Aslan in stundenlanger Kleinarbeit so auf, dass Minister Kurz damit besser Politik machen konnte.«[264] Dieser Leak wurde – nicht zuletzt aufgrund der Brisanz, die Kurz selbst dem Thema im Wahlkampf gegeben hatte, sowie der Tatsache, dass der Bericht seit mehr als zwei Jahren im Gespräch war – entsprechend großflächig medial thematisiert. Später wurde darüber hinaus durch den *Falter* bekannt, dass 10.000 Euro und damit beinahe ein Drittel des Projektgeldes an einen Unternehmensberater flossen, der die Feldstudie durchführte. Seine Aufgaben bestanden in der Konzeption der Durchführung der Studie, der Evaluierung der politischen und theologischen Zugehörigkeit der Vereine und BetreiberInnen, der Analyse von Homepages und der Untersuchung der »familiären Hintergründe der Kinder«.[265] Inhaltlich brisant an seiner 28 Seiten umfassenden Kurzanalyse von 71 Kindergärten und 56 Kindergruppen ist zudem, dass er »keine Probleme festgestellt [habe, FH], wie Aslan sie beschreibt«.[266] Später behauptete Aslan, eine Mitarbeiterin sei von Beamten der Magistratsabteilung 11 (Amt für Jugend und Familie) unter Druck gesetzt worden.[267] Diese Anschuldigung wurde gerichtlich ausgefochten, und Aslan zog die Vorwürfe in einem Vergleich zurück.[268]

Zur Verteidigung von Sebastian Kurz und Ednan Aslan rückten nur wenige in der Öffentlichkeit aus, wie etwa ParteikollegInnen des Ministers oder der Theologe Mouhanad Khorchide, wofür Letzterem die *Presse* einen eigenen Artikel widmete.[269] Ebenso wurde Aslan von Kenan Güngor verteidigt, der meinte, dass die »Rekonstruktion [der Veränderung durch die Beamten, FH], wie es dazu gekommen ist, etwas zu linear, schemenhaft und konspirativ«[270] sei. Damit wollte er die »lineare Verschwörungstheorie ein stückweit hinterfragen«.[271] Aslan sei zudem »einer der besten Kenner der islamischen Community und lege den Finger auf wichtige Missstände und Probleme«.[272] Der Chefredakteur des *Kurier* konstatierte, dass Aslan »viel Vertrauen verspielt« habe,[273] wobei gegenüber Kurz weniger Kritik geübt wurde. Aslan bezeichnete die Behauptungen als »wissenschaftliche Diffamierung und persönliche Beleidigung«.[274] Auch die Islamische Glaubensgemeinschaft in Österreich (IGGÖ) kommentierte in ähnlicher Deutlichkeit.

Die Frauenreferentin der IGGÖ, Carla Amina Baghajati, kritisierte, dass es sich bei der »sogenannten Kindergartenstudie vor allem um eine bestellte Studie handelt, die in der Art, wie sie durch das Auftrag gebende Integrationsministerium lanciert wurde, gewissen politischen Interessen nutzbar gemacht werden sollte.«[275] Kurz reproduzierte das nie erwiesene Stereotyp der islamischen Kindergärten als desintegrative Institutionen einfach weiter, ohne auf die Kritik inhaltlich einzugehen. Er wiederholte weiter nach Offenheit klingende Gemeinplätze wie »Wir brauchen ein Miteinander und keine Parallelgesellschaft«.[276] Deutliche Worte der Kritik fand auch die Wiener Vizebürgermeisterin Maria Vassilakou (Die Grünen): »Diese Art von Politik – unter Anführungszeichen – zersetzt die Demokratie. Sie ist wirklich Gift für Österreich«.[277] Der Wiener Bürgermeister Michael Häupl kritisierte Kurz dafür, mit der ›Studie‹ »seine eigene Politik rechtfertigen«[278] zu wollen. Medien nutzten das Thema vor allem für eine Kritik an Ednan Aslans Arbeitsweise und luden ehemalige MitarbeiterInnen zum Interview ein. Einer von ihnen, Rami Ali, behauptete gegenüber dem *Kurier*, dass Aslan »immer wieder versucht hat, seine Vorstellungen den Mitarbeitern aufzudrücken und krampfhaft zu versuchen in eine gewisse Richtung vorzudringen, auch wenn diese Richtung nicht der Wirklichkeit entspricht.«[279] In einem eigenen Artikel Ende 2017 unterstellte er Ednan Aslan Diffamierungen.[280]

Die Journalistin Claudia Gigler veröffentlichte eine fundamentale Kritik an der Politik von Kurz:

> Es geht ihm und seinen jungen MitarbeiterInnen mehr um die Inszenierung als um das Tatsachensubstrat. Es geht ihm und seinen jungen MitarbeiterInnen mehr um plakative Signale als um differenzierte Botschaften. Und es geht ihm und seinen jungen MitarbeiterInnen mehr um das Ausmachen von Feindbildern als um das Bemühen, Misstände tatsächlich abzuschaffen.[281]

Damit kann gesagt werden, dass Medien in diesem Zusammenhang durchaus unterschiedliche Rollen gespielt haben. Zum einen haben die Medien einer wenig geglückten Auftragsstudie überhaupt einmal jene Bühne gegeben, die es den politischen Auftraggebern erlaubte, die Studie für ihre Zwecke zu verwenden. Zudem hat der Boulevard eine negative Rolle gespielt, indem er zur Hysterisierung des Ganzen beitrug. Gleichzeitig haben die Leaks durch den investigativen Journalismus des *Falter* es ermöglicht, das populistische Vorgehen von Kurz auf leicht nachvollziehbare Weise öffentlich zu machen.

Die Universität Wien kündigte an, dass »eine Prüfung des Sachverhalts erfolgen« würde, »um festzustellen, inwieweit die Regeln der guten wissenschaftlichen Praxis eingehalten wurden«[282], und beauftragte damit die Österreichische Agentur für wissenschaftliche Integrität (OeAWI). In deren Bericht wurde festgehalten, dass die wissenschaftliche Güte der Studie in den einzelnen Gutachten (zu Frühpädagogik, Islamwissenschaften oder Wissenschaftssoziologie) zum Teil anzuzweifeln ist. Ebenso wurde festgehalten, dass »außer Streit [steht, FH], dass es Einfluss seitens des Ministeriums gab«.[283] Aslan habe mit dem Ministerium zum Teil »sehr intensiv zusammengearbeitet«.[284] Der wichtigste Punkt ist aber, dass aufgrund der fehlenden Regulationen für das Verhältnis von Wissenschaft und Politik kein wissenschaftliches Fehlverhalten nachgewiesen werden konnte. Eine Erarbeitung entsprechender Richtlinien wurde deshalb vom Rektor der Universität Wien angekündigt. Indes sahen sich beide Seiten – die SPÖ Wien wie auch Sebastian Kurz mit Ednan Aslan – von der Prüfung bestätigt. Der Twitter-Account der Universität verlautbarte: »Prüfung der #Kindergartenstudie: Kein wissenschaftliches Fehlverhalten durch Ednan Aslan festgestellt.«[285] Diese Darstellung und Politik der Universität Wien ist auch vor dem Hintergrund zu sehen, dass einer ihrer VizerektorInnen, Heinz Fassmann, nicht nur als Unterstützer Ednan Aslans betrachtet wird, sondern später auch Bildungsminister im Kabinett Kurz-Strache wurde. Fassmann sollte später für die Liste Kurz Bildungsminister werden, um andere diskriminierende Politikvorstellungen wie Kopftuchverbote zu verteidigen, auch wenn diese scheinbar nicht auf seiner persönlichen Agenda standen. Während die Universität Wien dafür war, das Gutachten zu veröffentlichen, sofern der Studienautor zustimme, weigerte sich Ednan Aslan »bis auf Weiteres«, die Stellungnahme veröffentlichen zu lassen.[286] Monate später erfolgte die Veröffentlichung dennoch.

Nach der mehr als zweijährigen Debatte über islamische Kindergärten wurde am 21. Dezember 2017 die Studie zu »Wiener Kindergärten und Kindergruppen mit besonderen Bezügen zum Islam« in Kooperation der Universität Wien und der Fachhochschule Campus Wien präsentiert,[287] die ein realitätsnahes Bild über die Situation in islamischen Kindergärten geben soll. Während die Boulevardmedien wie die *Kronen Zeitung* äußerst tendenziös über die Ergebnisse berichteten und dadurch den nunmehr zum Kanzler gewählten Kurz unterstützten,[288] wurde in Qualitätszeitungen wie dem *Kurier* entsprechend den Studienergebnissen[289] berichtet. Dementsprechend hieß es im *Kurier* von Henning Schluß, Mitautor der Studie und Bildungswissenschaftler, Islam-Kindergärten förderten keine Parallelgesellschaften, vielmehr sei die beobachtete Herausnahme von Religion aus den Kindergärten bedenklich.[290] Diese Äußerung zeigt den Effekt, den die öffentliche Kindergarten-Debatte seitdem auf muslimische AkteurInnen hat. Sie beginnen, den islamischen Habitus zu verstecken, und werden damit zu genau dem, was zu sein ihnen unterstellt wurde: Menschen, die ihre religiöse Einstellung verstecken.

Dieses Fallbeispiel macht deutlich, wie bedeutsam der Diskurs zu islamischen Kindergärten für den Politiker Sebastian Kurz war. Er benutzte ihn in seiner Regierungsposition als Oppositionsmittel gegen die sozialdemokratische Stadtregierung. Gleichzeitig zeigt der Diskurs auch, wie unter akademischer Leitung scheinbares Wissen produziert wurde, um dem politischen Vorhaben gegen islamische Kindergärten den Schein der Legitimität zu verleihen. Während sich vermutlich ein beträchtlicher Teil der österreichischen Bevölkerung kaum Gedanken über diese Einrichtungen machte, verbreitete sich durch die ständige Reproduktion die kreierte stereotype Vorstellung, dass islamische Kindergärten Kinder zu ExtremistInnen erzögen und daher grundsätzlich abzulehnen seien. Die identitätspolitische Dimension zeigt sich darin, wie sehr islamische Kindergärten zu einem Synonym für Extremismus und sicherheitspolitische Gefahr gemacht wurden. Ohne weitere Kritik konnte Sebastian Kurz die unterschiedliche Behandlung von katholischen und islamischen Kindergärten als gerechtfertigt hinstellen. Bedeutsam ist ebenso, dass der Begriff der ›islamischen Kindergärten‹ eigentlich juristisch nicht existiert und die Identifizierung islamischer Kindergärten in der sogenannten Studie darauf beruht, dass der TrägerInnenverein eines Kindergartens als muslimisch identifiziert wird. Dass einige VertreterInnen der Kindergarteneinrichtung dieses Framing zurückwiesen, war für die mobilisierenden AkteurInnen nicht relevant. Denn am Ende gilt für sie, da sie die Machtressourcen besitzen, um den Diskurs zu führen, in Anlehnung an ein bekanntes antisemitisches Sprichwort: »Wer ein Muslim ist, bestimme ich!«

Die Normalisierung von Rassismus: Thilo Sarrazin

Biologistisch argumentierender Rassismus wird heute selbst von der Neuen Rechten nur selten offen zum Ausdruck gebracht. Differenzmarker wie ›Zivilisation‹, ›Kultur‹ und ›Religion‹ werden verwendet, um scheinbar unüberwindbare und natürlich geschaffene Grenzen zu bezeichnen. Insbesondere der antimuslimische Rassismus argumentiert mit den Kategorien Kultur und Religion. Von dieser Art der Argumentation weicht der deutsche Buchautor Thilo Sarrazin jedoch etwas ab. Wenige Werke haben zu so großer Bekanntheit geführt und für so große Aufregung gesorgt wie sein 2010 veröffentlichtes Buch *Deutschland schafft sich ab.* Sarrazin, der aus einem gutbürgerlichen deutschen Elternhaus stammt, machte Karriere in der Sozialdemokratie, zuerst als Berliner Finanzsenator und später als Mitglied des Bundesbankvorstandes. Fern war ihm daher der Vorwurf, mit seiner Streitschrift die Agenda der Neuen Rechten bedienen zu wollen. Seine Parteimitgliedschaft in der SPD war geradezu ein wesentlicher Teil der Inszenierung seiner Veröffentlichung. *Deutschland schafft sich ab*[291] wurde innerhalb weniger Wochen zum auflagenstärksten Buch seit dem Ende des Zweiten Weltkrieges und brach alle in Deutschland bekannten Sachbuch-Rekorde. Dazu verhalf ihm insbesondere die auflagenstärkste deutsche Tageszeitung, das Boulevardblatt *Bild*, sowie die auflagenstärkste wochentliche Publikation, *Der Spiegel*. *Bild* inszenierte Sarrazin als Märtyrer gegen »die politische Klasse« und einen, der es wagt, »schonungslos […] die Bedrohung der deutschen Gesellschaft«[292] durch muslimische MigrantInnen aufzudecken. Provokation und Polarisierung waren damit in der Werbestrategie bereits angelegt.

Die Politikwissenschaftlerin Naika Foroutan hat Sarrazins Thesen einer empirischen Prüfung unterzogen und damit einen Gegenentwurf zu seinen Thesen, insbesondere zu MuslimInnen in Deutschland, erstellt.[293] Ein derartiges Unterfangen hat seine Berechtigung, doch es richtet den Fokus auf Menschen, die als MuslimInnen markiert werden – Menschen, die in sozialer, politischer, ökonomischer und religiöser Hinsicht ganz unterschiedlich zu verorten wären. Damit verfestigt sich die ›Islamisierung‹ von Menschen durch den Autor Sarrazin. Festzuhalten ist an dieser Stelle, dass Foroutan mithilfe empirisch erhobener Daten imstande ist, klar aufzuzeigen, dass viele der Behauptungen von Sarrazin schlichtweg falsch sind. Auch sein zweites Werk, mit dem Titel *Feindliche Übernahme. Wie der Islam den Fortschritt behindert und die Gesellschaft bedroht*[294], sollte 2018 ähnliche Debatten in der Öffentlichkeit auslösen. Zum zweiten Buch aber später noch mehr. Ich möchte den Blick hier auf andere problematische Aspekte als die Richtigkeit/Falschheit seiner Behauptungen richten; erstens darauf, was der Erfolg dieser Publikation über die gesellschaftliche Verbreitung von antimuslimischem Rassismus aussagt, und zweitens darauf, inwiefern die Behauptungen Sarrazins zum Aufkommen eines durchaus offen biologistisch argumentierten Rassismus führten, der bis dahin eigentlich als antiquiert und anrüchig galt.

Es ist tatsächlich verwunderlich, dass ein 450 Seiten dickes Buch, das voll von Grafiken, Tabellen und Statistiken ist, zum meistverkauften Sachbuch in Deutschland wurde. In der breiten Öffentlichkeit bekam die Streitschrift bald das Etikett ›Islamkritik‹, womit das Buch vom Rassismusvorwurf freigesprochen werden sollte. Zusammengefasst stellt Thilo Sarrazin darin die Würde des Menschen unter den Vorbehalt ökonomischer Nützlichkeitserwägungen. Kernpunkt seines Arguments sind die von ihm beleuchteten genetischen und kulturellen Defizite von Minderheiten, die Deutschland auf lange Sicht ›sich selbst abschaffen‹ lassen. Wenn auch niemand die sogenannte ›Nettoreproduktionsrate‹ deutscher MuslimInnen kennt, weil das Statistische Bundesamt Geburten nicht nach Religionszugehörigkeit, sondern nach Herkunftsländern erhebt, behauptet Sarrazin auf Basis kühner Berechnungen, dass innerhalb der nächsten 100 Jahre 71,5 % MuslimInnen 28,5 % NichtmuslimInnen gegenüberstehen werden. Das führt ihn zu der Konklusion: »Demographisch stellt die enorme Fruchtbarkeit der muslimischen Migranten eine Bedrohung für das kulturelle und zivilisatorische Gleichgewicht in Europa dar«.[295] Neben der Zentralität des Arguments der Geburtenrate, die quasi eine demografische Verschiebung der Religionslandschaft mit sich bringt, ist in Sarrazins Schrift die Verbindung von Intelligenz und Ethnie bzw. Rasse ein Dreh- und Angelpunkt. Demnach könnten unterschiedliche Ethnien in Intelligenztests miteinander verglichen werden. Messbare Unterschiede seien auf das Erbgut zurückzuführen.[296] Ein nur scheinbarer Philosemitismus offenbart sich so auch in der Bemerkung, dass aschkenasische Jüdinnen und Juden besonders intelligent seien.[297] Ursprünglich sprach Sarrazin in seinem Buch nicht von »Ethnien«, sondern von »Rassen«. In einem Interview erklärte er, dass sein Verlag ihm vor der Publikation geraten habe, den Begriff der Rasse gegen jenen der Ethnie auszutauschen: »Das habe ich dann auch gemacht. Das war mir völlig egal«,[298] meinte Sarrazin dazu. Das ist vermutlich deswegen so, weil beide Termini als ident begriffen werden, insbesondere bei den Vordenkern der Neuen Rechten. Für sie ist die Geschichte eines Volkes, einer Ethnie und die Kultur, welche diese produziert, nichts als ein Abbild der genetischen Veranlagung, also der Rasse dieses als Einheit imaginierten Volkes.[299]

Dass Sarrazin die Literatur, die er selbst zitiert, wenig verstanden hat, zeigt eine Auseinandersetzung der Bildungsforscherin Elisbeth Stern mit Sarrazins Theorien. Darin wird deutlich, dass die tollkühnen Rechnungen von Sarrazin schlichtweg auf einem Nichtverständnis der von ihm zitierten Texte basieren.[300] Sarrazin beruft sich in seinem Verständnis von Eugenik zudem insbesondere auf die Werke englischer und schwedischer Autoren aus dem späten 19. Jahrhundert,[301] ohne aber deren offensichtlich rassistische Weltsicht auch nur einmal zu erwähnen. Uwe Gerrens hat in diesem Zusammenhang darauf hingewiesen, dass Sarrazins Ausführungen an Traditionen der Eugenik anknüpften, deren dunkle Seiten er verschweige und deren deutsche Vorläufer er nicht einmal erwähne.[302] Gerrens verweist auf das im nationalsozialistischen Reich 1934 in Kraft getretene »Gesetz zur Verhütung erbkranken Nachwuchses«,[303] das zur Zwangssterilisierung von circa 400.000 Menschen geführt hat. Beabsichtigt war die Verhütung von ›Erbkrankheiten‹, auch wenn diese nicht nachgewiesen werden konnten (vieles wurde schlichtweg vermutet). Gerrens weist darauf hin, dass circa die Hälfte der Sterilisationen dem »angeborenen Schwachsinn«[304] galt. Dieser Begriff meint das, worauf wir uns heute beziehen, wenn wir von ›Menschen mit besonderen Bedürfnissen‹ sprechen bzw. bis vor Kurzem noch von Menschen mit geistiger Behinderung gesprochen haben. Oftmals wurden auch soziale Kriterien wie Arbeitslosigkeit für ›Schwachsinn‹ herangezogen. Die an Journalisten verschickte Druckfahne von Sarrazins Buch liest sich erschreckend ähnlich in diesem Duktus:

> Ganze Clans haben eine lange Tradition von Inzucht und entsprechend viele Behinderungen. Es ist bekannt, dass der Anteil an angeborenen Schwachsinn und anderen Erbkrankheiten unter den türkischen und kurdischen Migranten weit überdurchschnittlich ist. Aber das Thema wird gern totgeschwiegen. Man könnte ja auf die Idee

> kommen, dass auch Erbfaktoren für das Versagen der türkischen Bevölkerung im deutschen Schulsystem verantwortlich sind.[305]

Bei Erscheinen des Buches wurde der Begriff ›Schwachsinn‹ entfernt, und ab der 14. Auflage wurden die letzten beiden Sätze infolge vehementer Kritik ersatzlos gestrichen. Der Absatz ähnelt unweigerlich der amtlichen Begründung für das bereits erwähnte »Gesetz zur Verhütung erbkranken Nachwuchses«, worin es heißt:

> Seit der nationalen Erhebung beschäftigt sich die Öffentlichkeit in steigendem Maße mit den Fragen der Bevölkerungspolitik und dem dauernden Geburtenrückgang. […] Während die erbgesunden Familien größtenteils zum Ein- und Keinkindersystem übergegangen sind, pflanzen sich unzählige Minderwertige und erblich Belastete hemmungslos fort, deren kranker und asozialer Nachwuchs der Gesamtheit zur Last fällt. Während die gesunde deutsche Familie, besonders der gebildeten Schichten, nur etwa zwei Kinder im Durchschnitt hat, weisen Schwachsinnige und andere erblich Minderwertige durchschnittlich Geburtenziffern von drei bis vier Kindern pro Ehe auf. Bei einem solchen Verhältnis ändert sich die Zusammensetzung eines Volkes von Generation zu Generation, so dass in etwa drei Geschlechterfolgen die wertvolle Schicht von der minderwertigen völlig überwuchert ist. […] Dazu kommt, dass für Geistesschwache, Hilfsschüler, Geisteskranke und Asoziale jährlich Millionenwerte verbraucht werden, die den gesunden, noch kinderfrohen Familien durch Steuern aller Art entzogenwerden (Reichsanzeiger 1933 Nr. 172).[306]

Das Bedrohungsszenario, welches vom nationalsozialistischen Regime gesponnen wurde, und das, welches 90 Jahre später von Thilo Sarrazin gesponnen wird, ähneln sich frappant. Hier wie dort finden sich die unterschiedlichen Geburtenraten der (konstruierten) Ober- und Unterschicht, die, da an die Schichten bestimmtes Erbgut geknüpft wird, die zukünftige Qualität des Vererbten bedrohen und auch, durch übermäßige Sozialausgaben, zur Bedrohung für den Staat werden. Im Unterschied jedoch zu den Nationalsozialisten, die diese Lage durch Sterilisationen zu verhindern trachteten, wählt Sarrazin eine eugenische Steuerpolitik zur Korrektur der Gesellschaft. Für Sarrazin sollen Steuern die ›erwünschten‹ Geburten der Oberschicht fördern und die ›unerwünschten‹ der Unterschicht reduzieren. Diese Unterschicht sind für Sarrazin in weiten Teilen die MuslimInnen.[307] Diese Dimension der eugenischen Bevölkerungspolitik ist in der allgemeinen Rezeption zwar nicht ignoriert worden, rückte aber in der medialen Inszenierung deutlich in den Hintergrund.

Die öffentliche Debatte wurde insbesondere durch die Vorabdrucke in der Tageszeitung *Bild* und im Magazin *Der Spiegel* geprägt. Die ersten sechs Kapitel, welche die Bevölkerungspolitik behandeln und die Eugenik zum Gegenstand haben, waren nicht Teil des Abdrucks. Folglich standen andere Themen im Vordergrund der Debatte in den Medien. Uwe Gerrens hat veranschaulicht, dass in der medialen Rezeption von Anfang an der Islam im Zentrum stand.[308] Die *Bild*-Zeitung titelte: »Will ich den Muezzin hören, dann reise ich ins Morgenland«[309], und der *Spiegel* titelte mit einem Begleitartikel zum Abdruck von Sarrazins Thesen mit: »Verschwendete Jahre […] Viel zu spät haben die Regierenden die Notwendigkeit von Integrationspolitik erkannt«.[310] Gerrens zeigt, dass AutorInnen wie Udo Ulfkotte, Ralph Giordano und Necla Kelek, den Positionen Sarrazins zur Eugenik wenig Beachtung schenkend, die Debatte nutzten, um ihre bereits vorhandenen rassistischen Positionen zu Islam und MuslimInnen zu wiederholen.[311] Auf die Vorabdrucke und die Publikation folgten Fernsehdiskussionen zu Themen wie Islam, Bildungs- oder Integrationspolitik. Es gab aber keine breiteren Auseinandersetzungen mit Bevölkerungspolitik, Eugenik oder Rassismus.

Mit der einseitigen Thematisierung von Islam und MuslimInnen ging eine entsprechende Verbreitung von Sarrazins Positionen in der Gesellschaft einher. Weniger als zwei Wochen nach Erscheinen von Sarrazins Buch war die öffentliche Meinung entsprechend geprägt. Zwar hatten es die meisten vermutlich nicht gelesen, dennoch fokussierten sich die Medien auf die Integrationsunwilligkeit von MuslimInnen. Im gleichen Zeitraum erhob eine repräsentative Umfrage durch das ZDF-Politbarometer, dass 56 % der Bevölkerung fanden, dass Sarrazin »mit seiner Kritik« Recht habe, was von nur 28 % verneint wurde. Unter den Zustimmenden waren 61 % CDU/CSU-, 53 % SPD- und 80 % FDP-AnhängerInnen, 59 % waren AnhängerInnen der Linken und 45 % der Grünen.[312] Damit verteilte sich die Zustimmung zu diesen rassistischen Positionen auf Mehrheiten in beinahe allen politischen Lagern. Zwar gab es – insbesondere von höchster politischer Ebene aus den Reihen der SPD, wie vom damaligen Bundesvorsitzenden Sigmar Gabriel – Protest gegen Sarrazin. Die Umfragewerte und nicht zuletzt die Verkaufszahlen deuten aber darauf hin, dass seine veröffentlichten rassistischen Positionen knappe Mehrheiten repräsentieren.

Acht Jahre nach *Deutschland schafft sich ab* zeichnete Sarrazin in seinem Buch *Feindliche Übernahme. Wie der Islam den Fortschritt behindert und die Gesellschaft bedroht* das düstere Bild eines Islams, der die westliche Welt samt ihrer liberalen Werte unterwerfen möchte. Die Rezensionen in vielen Qualitätszeitungen fielen dieses Mal von Anbeginn sehr schlecht aus. Die *Süddeutsche* schrieb: »Deutschland braucht dieses Buch so nötig wie einen Ebola-Ausbruch«[313], und die *taz* meinte, dass dieses Buch »kein Mensch«[314] brauche.

Sein neues Werk beginnt Sarrazin mit einem oberflächlichen Interpretationsversuch der primären Quelle des Islams, des Korans, und zitiert im ersten Kapitel einen Vers nach dem anderen aus der einzigen Übersetzung dieses Buches ins Deutsche. Es fällt sehr schnell auf, dass Sarrazin in seinem Wissen über den Islam nicht sehr fit ist. So besteht der Koran nicht aus 113 Suren, sprich Kapiteln, sondern aus 114.[315] Das mag zwar wenig bedeutend sein, offenbart aber die offensichtliche Unkundigkeit des Autors. Er provoziert nicht nur, sondern verbreitet konsequent Argumente, die einer Diskriminierung des Islams den Weg bereiten. Sarrazin behauptet unter anderem, dass der Koran keine Religion der Toleranz sei, »sondern eine Gewaltideologie, die im Gewand der Religion daherkommt«.[316]

Während gemeinhin angenommen wird, dass Menschen christlichen Glaubens einer Religion des Christentums angehören – völlig unabhängig davon, ob diese nun als Wahrheit oder als Spuk gesehen wird –, wird dem Islam das Religionsein abgesprochen. Das gilt nicht nur für die frühe Phase, in welcher der Islam erstmals von Menschen in Europa als Antireligion zum Christentum wahrgenommen wurde. Es ist ebenso der Fall für zeitgenössische Debatten im Zeitalter der Menschenrechte. Nehmen wir ein Beispiel aus Deutschland: Die Sozialwissenschaftlerin und Buchautorin Necla Kelek kritisierte in einem Artikel der *FAZ* die Baupläne für eine Moschee in Köln mit dem Argument, Moscheen seien »keine Sakralbauten wie Kirchen oder Synagogen, sondern ›Multifunktionshäuser‹«. Moscheevereine, so Kelek, hätten die »Funktion einer Glaubenspartei, einer politischen Interessenvertretung«. Deshalb, so die Autorin weiter, sei »die Frage des Moscheebaus auch keine Frage der Glaubensfreiheit, sondern eine politische Frage«.[317] Durch die Politisierung von Religion wird dem Islam das Religionsein abgesprochen. Wird dieses Argument weitergedacht, so führt es dazu, MuslimInnen als Angehörige dieser Religion letztendlich die Religionsfreiheit abzusprechen. Indem der Islam zu einer anderen Art von Religion, die eigentlich keine Religion mehr darstellt, gemacht wird, wird er nicht nur außerhalb der Norm gestellt, sondern wird den Angehörigen des Islams die Legitimität ihrer religiösen Praxis abgesprochen.

Für Sarrazin, der bis dahin zwei Parteiausschlussverfahren überlebt hatte (ein drittes wurde im Dezember 2018 eingeleitet), war die SPD-Mitgliedschaft weiterhin ein erfolgreicher Marketingtrick. Seine antimuslimischen Positionen sollten in seinem aktuellsten Werk explizit im Mittelpunkt stehen. Kurz zusammengefasst: Der Islam sei nicht mit Demokratie, Moderne und Aufklärung vereinbar und Gewalt sei bereits in der Religion des Islams selbst angelegt.[318] Ebenso wiederholt Sarrazin ein Kernargument, das schon die eugenische Bevölkerungspolitik in seinem ersten Werk begründet, wonach MuslimInnen besonders ungebildet seien und als TrägerInnen einer minderwertigen Kultur und Religion aufgrund ihrer hohen Geburtenrate den Westen zahlenmäßig dominierten.[319] Wie viele andere islamophobe AutorInnen inszeniert sich Sarrazin mit seinen Positionen bereits im Vorfeld gegenüber potenzieller Kritik und insinuiert, dass diese Positionen als ›rechts‹ abgetan würden, ohne dass man sie zuvor angehört habe. Dabei gehört Sarrazin, wie viele andere auch, zu den Bestsellerautoren, denen weitaus mehr Raum gegeben wird als Personen, die sich gegen diese Form des Rassismus positionieren.

Es ist acht Jahre her, dass der ehemalige SPD-Vorsitzende Sigmar Gabriel in einem leidenschaftlichen Beitrag begründete, warum die SPD einen wie Sarrazin nicht dulden dürfe.[320] Sarrazin durfte bekanntlich bis heute Genosse bleiben. Wichtiger aber als die Person scheint mir die Popularisierung von Islamophobie, welche dadurch möglich wurde, dass die Thesen von einem nominellen ›Mann der Mitte‹ kamen. Wie die Meinungsumfragen zeigen, ermöglichte Sarrazin eine Popularisierung rassistischer Positionen. Derartige Diskurse verschieben nicht zuletzt die Grenzen des Sagbaren. Wer hätte sich schon vorstellen können, dass eine CDU-Abgeordnete im Jahr 2018 einmal sagen würde, dass in ihrer Partei grundsätzlich kein Platz für MuslimInnen sei, selbst für säkulare, nichtpraktizierende?[321] Als Veronika Bellmann, Abgeordnete des Bundestages, diese Position in die Öffentlichkeit brachte, erklärte sie: »Heute geben sie sich säkular und morgen doch wieder streng gläubig«.[322] Das erinnert an die antisemitische Essenzialisierung einer nicht entrinnbaren Essenz des Jüdisch-Seins. Der ewige Muslim?

Antisemitismus und Islamophobie

Der Vergleich

Der Vergleich von antijüdischem und antimuslimischem Rassismus ist im deutschsprachigen Raum weit verbreitet und gleichzeitig heftig umstritten. Erstmals wurde dieser Vergleich in Berlin im Rahmen einer akademischen Konferenz im Jahre 2008 breiter thematisiert. Der damalige Leiter des Zentrums für Antisemitismusforschung, Wolfgang Benz, erklärte, wie auch in späteren Schriften, warum er eine solche vergleichende Perspektive für wichtig hält:

> Aus der Perspektive der Vorurteilsforschung ist das Phänomen der Islamfeindschaft deshalb interessant, weil weithin mit Stereotypen argumentiert wird, die aus der Antisemitismusforschung bekannt sind: etwa der Behauptung, die jüdische bzw. die islamische Religion sei inhuman und verlange von ihren Anhängern unmoralische oder aggressive Verhaltensweisen gegenüber Andersgläubigen.[323]

Warum eine solche vergleichende Perspektive viele Emotionen hochkommen lässt, ist nachvollziehbar. Wie bei jedem anderen Vergleich, insbesondere wenn er eine schreckliche Vergangenheit mit einer unrühmlichen Gegenwart verbindet, ist die Frage des Vergleichs auch eine politische und nicht nur eine akademische. Etwas miteinander zu vergleichen bedeutet, es in einen Zusammenhang zu stellen, auch wenn am Ende das Ergebnis nahelegt, dass die zwei miteinander zu vergleichenden Sachverhalte verschieden voneinander sind. In diesem Falle ist es die Schuld des nationalsozialistischen Regimes und damit der Vorfahren von vielen Menschen in Ländern wie Deutschland und Österreich, die hier schwer wiegt. Ein Zusammenführen beider Themen eröffnet die denkbare Möglichkeit der Wiederholung des Holocaust, auf den der Antisemitismus im kollektiven Gedächtnis oft fälschlicherweise reduziert wird. Anders aber ist es, wenn, wie in den USA, die Islamophobie mit dem Antikatholizismus verglichen wird, wie es der Religionswissenschaftler José Casanova tat.[324] Die Tatsache, dass der Antikatholizismus überwunden wurde und KatholikInnen heute in den USA keine Diskriminierung mehr erfahren wie noch vor 50 Jahren, erlaubt es, in der Islamophobie auch ein überwindbares Phänomen zu sehen. Ein solcher Vergleich fällt dann um einiges leichter.

Das bedeutet umgekehrt aber wiederum, dass ein Vergleich von Antisemitismus und Islamophobie im deutschsprachigen Raum insofern naheliegt, als Antisemitismus jene Form von Rassismus ist, die aufgrund der eigenen Erfahrungen hier am weitesten bekannt ist. Ähnlich dem in den USA gegen Schwarze gerichteten Rassismus ist Antisemitismus ein bekanntes und besonders gut erforschtes Phänomen. Es ist somit ein Bezugshorizont gegeben, der es erlaubt, eine kulturell nachvollziehbare Sprache zu finden, um sich mit einem zeitgenössischen Phänomen auseinanderzusetzen.

Ähnliche Rhetorik

Sabine Schiffer und Constantin Wagner hatten 2009 erstmals eine umfassende Arbeit vorgelegt, in der sie Islamophobie mit Antisemitismus verglichen. Mehrere Gründe waren für sie ausschlaggebend, warum ein solcher Vergleich fruchtbar sei: Erstens, weil die Analyse des Antisemitismus die am weitesten entwickelte Vorurteilsforschung darstelle. Zweitens sei das Phänomen des Antisemitismus im deutschsprachigen Raum einem breiten Leserkreis bekannt, und drittens sei die menschliche Katastrophe, in die er gemündet hat, vielen Menschen bewusst. Des Weiteren habe es die Antisemitismusforschung geschafft, die Frage des Judentums von der des Antisemitismus zu trennen, was bei den beiden Gegenständen Islam und Islamophobie noch nicht geschehen sei.[325] Die beiden AutorInnen konstatieren eine Ritualisierung der Erinnerung in Bezug auf das Erinnern an den Nationalsozialismus, ohne dass die tiefergehenden Lehren daraus gezogen würden.[326] Im Gegenteil vermissen sie die inhaltliche Auseinandersetzung mit dem diskriminierenden Diskurs,[327] den sie in der Analyse des Islamdiskurses in Deutschland vielfach reproduziert sehen.[328] Die AutorInnen setzen kein Gleichheitszeichen zwischen Antisemitismus und Islamophobie. Parallelen sehen sie aber in der diskriminierenden Diskursivierung von MuslimInnen und Juden und Jüdinnen (bereits vor der Zeit des Nationalsozialismus). So sei beiden Phänomenen die »Selektion negativer Eigenschaften« bei Einzelphänomenen gemein, die bei gleichzeitiger Dramatisierung und Auslassung von selektierten Fakten zur Beweislage generalisiert werden.[329] Diskursive Parallelen bildeten: die Unterstellung der Illoyalität von Juden und Jüdinnen und MuslimInnen zum Staat, die Kontrolle ihrer Bücher, Predigten und des Religionsunterrichts, die Forderung nach Anpassung, die Schächthematk und Speisegesetze, die Unterstellung einer Weltverschwörung[330], lächerlich machende Benennungen[331] und emphatische Begriffskombinationen (»Terror-Scheich«, »Pumpgun-Moslem« und »Bühnen-Diktator« oder »Relativitäts-Jude«)[332] sowie die Heranziehung von Schriften und Lehren zur Verifizierung von Verschwörungstheorien[333]. Einen signifikanten Unterschied gebe es dennoch zwischen Antisemitismus und Islamophobie, so die AutorInnen: Während die wichtigste Grundlage im Hass und der Vernichtung der Juden und Jüdinnen grundsätzlich in ihrem Jüdisch-Sein verankert war, diene die Diskriminierung von MuslimInnen bestimmten Interessen und sei nicht selbsterklärend.[334] Ein weiterer Unterschied zwischen Antisemitismus und Islamophobie sei, dass Ersterer auf offizieller politscher Ebene weitgehend verpönt sei, Letzterer im Gegensatz dazu aber hofiert werde, während Bildungseliten im historischen Vergleich weder gegen Antisemitismus noch gegen Islamophobie immun gewesen seien.[335] Die sogenannte »Islamkritik«, ein positiv gewandeter Begriff für Islamophobie, vereine zudem die unterschiedlichsten und widersprüchlichsten Fraktionen: neoliberale, christlich fundamentalistische, feministische, rechtsextreme und links agierende Gruppierungen.[336] Die »Islamkritker«, die im umgekehrten Sinne MuslimInnen und IslamistInnen als neue Nazis darstellten, würden dabei nicht nur von staatlicher Stelle hofiert. Ihre Gedanken würden auch in das bildungspolitische Programm aufgenommen und dadurch verbreitet.[337] Ein Dilemma der Islamophobie sei, dass in Einzelfällen terroristische Täter sich der gleichen islamischen Symbolik bedienten wie andere MuslimInnen, was es für Außenstehende schwer mache, zu unterscheiden, wo nun von Islamophobie die Rede sein könne und wo hingegen ein Problem mit der Religion des Islams verknüpft sei.[338] Dieser Unterschied sei insofern signifikant, als im Antisemitismus zwar vereinzelte Beispiele von reichen Jüdinnen und Juden herangezogen wurden, um das internationale Kapital als jüdisch zu markieren und eine Weltverschwörung auszumachen, diese Menschen sich selbst aber nicht über ihre Zugehörigkeit zum Judentum definierten – im Gegensatz zu einem Bin Laden, der sich explizit als Muslim definierte. Die Interessen, die hinter dem Einsatz von Islamophobie stünden, seien in erster Linie politische: die Rechtfertigung von »Sicherheits«-Gesetzen im Inland und die Legitimierung von Kriegen im Ausland.[339] Der Rechtsstaat werde im Zuge der ständigen Rede von der islamistischen Gefahr ausgehöhlt.[340] Hierfür würden Islamisten als die Nachfolger der Nazis dargestellt.[341] Der entsprechende Verweis auf den neuen Antisemitismus könne für die eigene Entlastung missbraucht werden.[342] Wenn auch manche MuslimInnen selbst sich des Antisemitismus und manche Juden und Jüdinnen sich der Islamophobie bedienten,[343] so arbeite auch diese Konfrontationsstellung zwischen Juden und Jüdinnen und MuslimInnen bestimmten geostrategischen Interessen zu.[344] Hierbei werde vor allem die Mitschuld Deutschlands am Israel-Palästina-Konflikt geleugnet und Deutschlands Mitbeteiligung daran ausgeschlossen, um ihn zu einem Konflikt zwischen zwei Religionsgruppen zu machen. Die Islamdebatten sind also Ersatzdebatten, so Schiffer und Wagner.[345] Sie würden geführt, um Menschen mittels ihrer Angst gegeneinander auszuspielen und von den wirklichen lebensnotwendigen Interessen aller Menschen abzulenken.[346] Die zukunftsträchtigen Fragen seien die nach einem alternativen Gegendiskurs. Dieser bediene sich derzeit fälschlicherweise der Diskussion um die Religion und gebe dem derzeitigen islamophoben Diskurs eine stark religiöse Konnotation.[347] Dieser Suggestion einer Relevanz von Religion zu entgehen sehen die AutorInnen als eine wichtige Aufgabenstellung für die Zukunft.[348] Insofern sei die Lösung nicht in »islam-sensitiven« oder »interkulturellen« Schulungen, sondern in der Vermittlung von soziologischem, psychologischem und medienrelevantem Wissen in den Bildungseinrichtungen zu suchen.[349] Eine Schwierigkeit bei der Findung eines alternativen Diskurses sei es, dass antirassistische Diskurse im Allgemeinen oftmals versteckt auf rassistische Denkmuster zurückgriffen, indem sie sich auf die Binarität von »wir« und »ihr« bezögen.[350]

Das jüdische und muslimische ›andere‹ Paar heute

Diese Binarität ist so alt wie der völkische Antisemitismus und wird auch in der zeitgenössischen Islamophobie bedient. Der Slogan »Wien darf nicht Istanbul werden«, den die FPÖ zur Wiener Gemeinderatswahl 2005 plakatierte, hat einen älteren Vorgänger, als es vielen bewusst ist. Er erinnert nicht nur an den Slogan »Wien darf nicht Chicago werden«, ein Wahlsujet aus den 1990er Jahren, das ebenfalls die FPÖ plakatiert hatte. Vielmehr hieß es bereits vor mehr als 100 Jahren beim Wiener Bürgermeister und notorischen Antisemiten Karl Lueger »Groß-Wien darf nicht Groß-Jerusalem werden«.[351] So frappant ähnlich die Rhetorik in diesem Fall ist, so wenig verwunderlich ist es, dass Antisemitismus und Islamophobie im Doppelpack daherkommen.

Ungarns Ministerpräsident Viktor Orbán, der Mitbegründer und Vorsitzende der ungarisch-konservativen Partei Fidesz, überzieht seinen ehemaligen Wohltäter George Soros, einen aus

Ungarn stammenden Amerikaner jüdischen Glaubens, regelmäßig mit bösartigen Kampagnen. In seiner aggressiven Rhetorik rekurriert er nicht nur auf antisemitische Stereotype, sondern lädt seine verbalen Angriffe gegen Soros auch islamophob auf.[352] Diese Symbiose aus Antisemitismus und Islamophobie fiel auch in anderen Ländern Europas und selbst in den USA auf fruchtbaren Boden.

Orbán stand in der Vergangenheit zwar selbst nicht im Ruf, antisemitisch zu sein, er gilt aber als gnadenloser Opportunist. Und so macht er seinen ehemaligen Wohltäter Soros heute zum Sündenbock für das Versagen der ungarischen Regierung. Soros ist Projektionsfläche für Orbáns populistische Rhetorik gegen EU-Reformen und für eine illiberale Politik. Orbán hält es mit Soros-feindlichen Verschwörungstheoretikern in Ost- und Mitteleuropa, von denen viele antisemitisch denken und vehement ihre Theorien über »jüdische Verschwörungen zum Erringen der Weltherrschaft« verbreiten.[353] Orbán schreckt nicht vor der Verwendung antisemitischer Schmähbilder zurück. So spricht er darüber, dass Soros über »Reichtum, Macht, Einfluss und ein Netz von NGOs« verfüge, und nennt ihn einen »Milliardär-Spekulanten«.[354] Als seine Regierung eine Antieinwanderungskampagne startete und dazu Plakate mit dem Slogan »Lass nicht zu, dass Soros zuletzt lacht« klebte, wurde dessen Konterfei mit antisemitischen Parolen wie »dreckiger Jude« verunstaltet.

Gegen Soros eingenommene PolitikerInnen in Ost- und Mitteleuropa fielen in den Chor ein. So bezeichnete ein polnischer Abgeordneter ihn gar als den »gefährlichsten Mann der Welt«.[355] Orbán belässt es jedoch nicht bei der Zuschreibung antisemitischer Stereotype, sondern bezichtigt Soros und die EU auch, Europa »islamisieren« zu wollen. So behauptete er in einer Rede Ende Juli 2017, das »Soros-Imperium« setze »Geld, Menschen und Institutionen [ein], um Migranten nach Europa zu bringen«.[356]

Dieser Diskurs fiel auch in Österreichs rechten Kreisen auf fruchtbaren Boden. Zuletzt behauptete das rechtsextreme Organ *unzensuriert.at* in einem Artikel, dass der internationale Boykottaufruf gegen FPÖ-Minister von der »George-Soros-Stiftung und Islam-Lobby« ausginge, dass es eine Strategie sei, »diesen Begriff [Islamophobie, FH] gleichwertig zu Begriffen wie Antisemitismus oder Rassismus zu etablieren«, womit »in erster Linie jede Kritik am Islam unterbunden werden« solle.[357] Diese Argumentationen folgt einer Logik der Legitimation eigener Dominanzpositionen und zeigt keine Auseinandersetzung mit den Inhalten der Islamophobiekritik.

Insbesondere in Deutschland, wo Antisemitismus historisch eine wichtige Rolle spielte und tief in der Geschichte der Gesellschaft verankert ist, betonten viele WissenschaftlerInnen die Ähnlichkeit der Muster von Argumenten, Bildern und Diskursen, die für den Ausschluss von Juden und Jüdinnen wie auch von MuslimInnen aus dem jeweils konstruierten ›Wir‹ eingesetzt werden. Wie die PolitikwissenschaftlerIn Jana Kübel zeigen konnte, ist die Verknüpfung mit Religion die grundlegende gemeinsame Basis von Antisemitismus und Islamophobie. Religion wird im weiteren Sinne zum roten Faden zwischen Antisemitismus und Islamophobie. Die als fremd markierte Religion wird zu einem antimodernistischen Objekt. Die islamische Ummah (Gemeinschaft) wird das Objekt, das der Nation gegenübersteht, genauso, wie es die imaginierte globale jüdische Gemeinschaft war. Während Letzterer nachgesagt wurde, Macht über den Zugang zu Kapital erlangt zu haben, geschieht die Islamisierung der Welt angeblich über demografische Entwicklungen und etliche dschihadistische Projekte. Hinter Moscheen und Synagogen lauere die Parallelgesellschaft, die mit der Mehrheit inkompATIBel sei. Die Forderungen nach Anpassung hinsichtlich der Art und Weise, wie Moscheen und Synagogen gebaut werden sollen, basierten auf einem Wunsch nach Homogenität und nationaler »Reinheit«. Kübel diskutiert auch offensichtliche Unterschiede, wie beispielsweise das Bild von Frauen. Genderspezifische Islamophobie würde den Islam als eine männliche Religion, die Frauen unterdrückt, repräsentieren. Demgegenüber sei das Judentum im antisemitischen Denken eine weibliche Religion, in der die Frau als sexualisierte Verführerin dargestellt werde.[358]

Ein weiteres Beispiel ist der Diskurs der ›Verjudung‹. Während die Christlich-Sozialen und Deutschnationalen in der Zwischenkriegszeit die sozialistische Partei als ›verjudet‹ bezeichneten,[359] erklärte die FPÖ während des Wiener Wahlkampfes 2005, dass die Sozialdemokratische Partei in Wien eine islamistische Partei sei.[360] MuslimInnen würden die Partei übernehmen und die Macht an sich reißen. Die SozialdemokratInnen islamisierten das Land und unterdrückten Frauen. Ein Wahlkampfslogan besagte: »Wir schützen Frauenrechte. Die SPÖ den Kopftuchzwang.«[361]

Auch wenn es sehr interessant ist, sich diese Konstruktionen näher anzusehen, da sie wichtige Einsichten in die diskursive Schaffung des ›Anderen‹ gewähren, ist es von besonderer Bedeutung, im Kopf zu behalten, dass die Bilder vom ›Anderen‹ in Antisemitismus und Islamophobie sehr unbeständig sind und sich je nach den Interessen der antisemitischen und der islamophoben AkteurInnen leicht verändern können.[362] Obschon die Frage nach Ähnlichkeiten und Unterschieden in einem konkreten Diskurs hilfreich sein kann, um Ausschlusspraktiken zu verstehen, sollte eine Behandlung der Diskurse nicht selbstzweckhaft sein.

Manche WissenschaftlerInnen sind der Meinung, dass Antisemitismus im Gegensatz zu anderen Rassismen eine umfassende Welterklärung für AntisemitInnen sei. Islamophobie erfülle nicht diese Funktion, so ihr Argument. Monika Schwarz-Friesel und Evyatar Friesel zufolge ist Antisemitismus ein irrationales Konstrukt mit wenig Grundlage in der Wirklichkeit, aber einer langen Geschichte.[363] Ferner behandeln diese AutorInnen den Islam und MuslimInnen als ontologische Kategorien – Kategorien des Seins – und unterfüttern folglich nur jene islamophoben Diskurse, die sie kritisieren und dekonstruieren wollen. Sie scheinen blind für die Existenz von Islamophobie in dominanten Gruppen zu sein[364] und argumentieren, dass Islamophobie nur in rechten Randgruppen vorkomme.[365] Mattias Gardell argumentiert genau umgekehrt. In seiner Analyse von Anders Behring Breiviks Manifest meint er:

> Breivik beschwört einen manichäischen Kampf zwischen Kräften des Lichts und der Dunkelheit herauf und behauptet, dass die westliche Welt in einem apokalyptischen Konflikt mit dem ›Islam‹ gefangen sei, der als ein unheilvolles Wesen dargestellt wird, das unermüdlich nach dem Auslöschen des christlichen Europa strebe. MuslimInnen werden als ein imaginiertes Kollektiv konstruiert. Diesem werden als aus dem Islam stammend geltende inhärente, zeitlose und böswillige Eigenschaften zugeschrieben, was sie [die MuslimInnen, FH] von universalen Menschen unterscheidet. Die rassistische Logik, die der Figur des unvergänglichen Muslims zugrunde liegt, ist essenziell für die Theorie einer islamischen Weltverschwörung, die Breivik sieht und die es ihm erlaubt, MuslimInnen ›hier‹ mit einer wahrgenommenen Bedrohung von MuslimInnen ›dort‹ zu verknüpfen.[366]

Tatsächlich sind derartige islamophobe Gedanken nicht auf Anders Behring Breivik beschränkt. Wie andere WissenschaftlerInnen in ihren Analysen seines Manifests gezeigt haben, stützt sich dieses auf verschiedene Originaltexte aus der extremen Rechten, aber auch auf einen dominanten Diskurs in der Öffentlichkeit. Auf zwei Beispiele solcher anderswo zu findenden Verschwörungstheorien werde ich kurz eingehen. Eine lange Zeit verbreitete islamophobe schriftstellerische Stimme ist Hans-Peter Raddatz aus Deutschland. Er schreibt in seinem Buch *Von Allah zum Terror:*

> Kein Papst, kein Kardinal, kein Politiker ist so umfassend für die Interessen des Islam, des Wirtschaftsliberalismus, der Mafia und der Freimaurerei eingetreten wie Papst Johannes Paul II., der esoterisch geschulte Karol Wojtyla.[367]

Hier wird der Islam zu einer Kraft des Bösen, die eingesetzt wird, um das wahre Christentum und die europäische Identität zu untergraben. In einer Erklärung einiger rechter europäischer Jugendorganisationen werden Islamisten als eine Gruppe dargestellt, die mit MarxistInnen, Neoliberalen und KapitalistInnen zusammenarbeitet.[368] Populär zitierte Literatur wie *Eurabia* von Gisèle Littman (Bat Ye'or)[369] ist in Kreisen von Islamophoben, die Littmans These einer angeblichen Übernahme der Welt durch den Islam reproduzieren, bekannt geworden.[370] Solche Literatur ist auch bei mehr dem ›Mainstream‹ zuzurechnenden Autoren zu finden, wie z.B. der verstorbenen italienischen Intellektuellen Oriana Fallaci, dem britischen Historiker Niall Ferguson oder dem deutschen Ökonomen Thilo Sarrazin. Darüber hinaus wurden einige Dokumente ›entdeckt‹, die als Beweis für die Verschwörungstheorie herangezogen werden, dass MuslimInnen die Welt an sich reißen wollten.[371] Ähnlich wie bei den *Protokollen der Weisen von Zion*[372] gibt *Eine erklärende Mitteilung: Über das generelle strategische Ziel der Gruppe in Nordamerika* vor, aufzudecken, wie die Muslimbruderschaft die USA übernehmen will und dazu mit dem Muslimbruder Barack Hussein Obama zusammenarbeitet.[373] Diese Verschwörungstheorien enthüllen nicht die Vorstellung von minderwertigen, sondern von ›schlauen MuslimInnen‹, analog zur Figur des ›schlauen Juden‹. Ein Beispiel dafür ist Geert Wilders' Aussage zum Krieg der muslimischen Eliten: »Muslimische Eliten kämpfen überall in Europa einen Krieg gegen die Bevölkerung. Sie setzen die massenhafte Immigration und die Islamisierung fort, was am Ende zu einem islamisierten Europa, einem Eurabia, führen wird.«[374]

Der Islam wird jedoch nicht bloß zu einer Kraft unter vielen. In Breiviks Manifest wird Islamisierung von verschiedenen AkteurInnen unterstützt. Wie Gardell zeigt, gewinnt der ›Islam‹ im islamophoben Denken eine ganz eigene Handlungsmacht: »In islamophober Literatur stoßen wir auf einen ›Islam‹, der geht, spricht, kommandiert, unterdrückt, hasst, betrügt, sich verschwört, Krieg führt, expandiert und sich zurückzieht.«[375] Wie im Antisemitismus werde argumentiert, die Religion sei unmenschlich und verlange von ihren AnhängerInnen, Menschen anderen Glaubens unmoralisch und aggressiv zu behandeln.[376] Dies werde zur Grundlage einer Repräsentation von ›Muslimisch-Sein‹ als einer unentrinnbaren Kategorie. Da der Islam sich aus eigener Kraft bewege, schreibt Gardell, scheine er »die Quelle eines angeborenen Kerns unheimlichen ›Muslimisch-Seins‹ zu sein«[377]. Dieser Aspekt von Islamophobie wird häufig als Grundlage für die Behauptung eines fundamentalen Unterschieds zwischen Antisemitismus und Islamophobie hergenommen: Es wird argumentiert, dass Antisemitismus einen ›zeitlosen Juden‹ konstruiert, der dem Jüdisch-Sein nicht entkommen kann, da die jüdische Identität eher als biologisch-rassische denn als religiöse Kategorie dargestellt wird. Aus diesem Grund könnten Juden und Jüdinnen nicht zum Christentum konvertieren, wie vonseiten des christlichen Antijudaismus behauptet wird. Stattdessen seien und würden sie immer Juden und Jüdinnen sein.[378] Die Verlagerung »der Andersartigkeit von Religion zu Rasse«[379] stellt einen wichtigen Aspekt dar, denn sie deutet nicht auf eine Religion oder einen/eine religiöse/n AkteurIn hin, sondern imaginiert den ›zeitlosen Juden‹. Der Philosoph Brian Klug hat eine Definition von Antisemitismus als Feindlichkeit gegenüber Juden und Jüdinnen als jüdische Menschen erarbeitet, die feststellt, dass »Juden als etwas anderes wahrgenommen werden, als sie sind. Oder, vielleicht noch präziser ausgedrückt, Feindlichkeit gegenüber Jüdinnen und Juden als *Nicht-Juden*«.[380] Er argumentiert ferner, dass in diesem Kontext »Antisemitismus der Prozess ist, in dem Juden zu ›Juden‹ gemacht werden.«[381] Gleichzeitig sollten wir jedoch nicht vergessen, dass dieses Verständnis von Antisemitismus auch Ausnahmen erlaubt, wie bereits am Beispiel der Edel-Juden im Nationalsozialismus zu erkennen war.

Dieses Beispiel erinnert daran, dass die Figur des ›Anderen‹ unbeständig ist und je nach Kontext variieren kann. Auf einem Seminar der österreichischen rechtspopulistischen FPÖ gab Elisabeth Sabbaditsch-Wolff, eine zentrale Figur innerhalb des globalen islamophoben Netzwerkes, eine Einführung in den Islam. Sie beantwortete die Frage eines Studenten, wie einer muslimischen Person, die der rechten Partei beitrete, zu begegnen sei, indem sie ihre Antwort klar auf die oben diskutierten Ideen stützte. Sabbaditsch-Wolff zufolge muss diese Person lügen, da MuslimInnen von ihrer Religion lernten, andere zu täuschen und das Prinzip der Taqiyya (Täuschung) anzuwenden. Dies sei verpflichtend für alle MuslimInnen, sagte sie, und der einzige Grund, warum eine muslimische Person sich einer rechten Partei würde anschließen wollen, sei, dass sie die eigene Seele für die Zukunft retten wolle.[382] In Anbetracht solcher Darstellungen lässt sich argumentieren, dass Islamophobie auf der Annahme eines unveränderlichen muslimischen Seins und Wesens basiert.[383]

Entmenschlichung

Wie eingangs bereits gesagt, liegt im Prozess der Entmenschlichung ein zentrales Merkmal rassistischer Handlung, denn erst er kann eine Andersbehandlung legitimieren. In der Antisemitismusforschung wurde die Strategie der Entmenschlichung im Detail herausgearbeitet. Für Jüdinnen und Juden standen sinnbildlich zerstörerische Elemente wie Blutsauger, Krebsgeschwür, Schmarotzer, Seuche, Ungeziefer oder Volksschädling. Während im mittelalterlichen Antijudaismus das Jüdische mit dem Teuflischen identifiziert und folglich als dämonische Macht begriffen wurde, sollte mit dem wissenschaftlichen Antisemitismus in der Zeit positivistischen Wissenschaftsverständnisses der jüdische »Virus« mit politischen Methoden auszumerzen sein.[384] So beschrieb Adolf Hitler in *Mein Kampf* ›den Juden‹ nicht als Menschen, sondern als Krankheitserreger:

> Er ist und bleibt der typische Parasit, ein Schmarotzer, der wie ein schädlicher Bazillus sich immer mehr ausbreitet, sowie nur ein günstiger Nährboden dazu einlädt. Die Wirkung seines Daseins gleicht ebenfalls der von Schmarotzern: wo er auftritt, stirbt das Wirtsvolk nach kürzerer oder längerer Zeit ab.[385]

Entsprechend formulierte Propagandaminister Goebbels die Konsequenzen:

> Die Juden sind die Läuse der zivilisierten Menschheit. Man muss sie irgendwie ausrotten, sonst werden sie immer wieder ihre peinigende und lästige Rolle spielen. Nur wenn man mit der nötigen Brutalität gegen sie vorgeht, wird man mit ihnen fertig.[386]

Heute zeigen sich ähnliche Formen der Entmenschlichung in der verbalen Dehumanisierung und verächtlichen Sprache gegen MuslimInnen und ihre Religion. Beispielhaft sei hier der kurzzeitig für die ÖVP im österreichischen Nationalrat sitzende Efgani Dönmez genannt, der damals noch als der Partei *Die Grünen* angehörendes Mitglied des Bundesrats zu einer vollverschleierten Frau während einer Live-Diskussion sagte: »Diese Geisteskinder sind Spaß- und Hirnbefreit. [...] Sie sind ein Stückchen Elend. Ganz ehrlich. Sie wurden gehirngewaschen.«[387] Die Worte »Spaß- und Hirnbefreit« sind nicht nur eine Degradierung seiner gegenüberstehenden Person, der er damit de facto jede Selbstständigkeit abgesprochen hat. Sie zeugen, gepaart mit seiner sexistischen Reaktion auf die Intervention der Moderatorin, von einer Haltung, die dem Gegenüber das Menschsein abspricht. Identifizieren wir die Fähigkeit zu denken und das damit einhergehende Potenzial zu Entwicklung und Kreativität als zentrale Kriterien für die Heraushebung des Menschen aus der Tierwelt, dann degradiert Dönmez hier sein muslimisches Gegenüber zum Tier. Mit dem Zusatz ein »Stückchen Elend« verbindet er diese Beschaffenheit mit einem Zustand des Elends, einem Zustand, welcher Not, Armut und Hilflosigkeit beschreibt. Diese entmenschlichende Sprache ist Teil des islamophoben Sprechens, in manchen Formen ist sie aggressiv, wie das obige Beispiel zeigt. In anderen Formen kommt sie auf subtilere Weise daher. Gegenwärtig kleidet sich der Rassismus in der Form scheinbar aufklärerischer und liberaler Argumentationen, während er sich in der

Zeit des Nationalsozialismus der damals scheinbar wissenschaftlichen, nämlich positivistischen Argumentation bedient hatte.

Die Rechten und die Täter-Opfer-Umkehr

Im Hinblick auf die historische Verantwortung des nationalsozialistischen Regimes lastet speziell auf den Schultern der politischen Nachkommen dieses Regimes eine besondere Last. Trotz dieser Verantwortung wurde Antisemitismus in Österreich jahrzehntelang vonseiten der FPÖ trivialisiert. Ähnlich verhält sich heute in Deutschland die AfD. Im Hinblick auf Antisemitismus ist gegenwärtig bei vielen rechten Parteien eine Täter-Opfer-Umkehr zu beobachten. Sie kann als eine Strategie der Neuen Rechten gewertet werden, sich nicht nur in Europa, sondern global in breiteren Kreisen als legitime politische Kraft zu positionieren. Die Neue Rechte gibt einerseits vor, den Antisemitismus klassischer faschistischer Parteien hinter sich gelassen zu haben. Andererseits projiziert sie den Antisemitismus unter dem Titel des ›Neuen Antisemitismus‹ auf die nach Europa immigrierten MuslimInnen. Diese seien die neuen AntisemitInnen, während die Neue Rechte vorgibt, sich dem Schutze Israels sowie der Jüdinnen und Juden Europas zuzuwenden.

Diese Strategie manifestierte sich in einem Besuch Jerusalems und des Westjordanlandes durch eine Delegation von VertreterInnen der Neuen Rechten Europas im Dezember 2010. Die FPÖ, der Vlaams Belang, die deutsche Partei der Freiheit und die Schwedendemokraten besuchten gemeinsam ihre Parteikollegen in Israel, um sich vom Antisemitismus reinzuwaschen. Dies sollte ihnen aufgrund einer Gemeinsamkeit gelingen: des Feindbildes Islam. Während die Rechten in Europa vor einer Verschwörung von »Polit-Bonzen«[388], »Osmanen-Lobby«[389] und dergleichen warnen, haben israelische PolitikerInnen islamisch markierte politische AkteurInnen als Feindbild, sei es nun in Form der Islamischen Republik Iran oder der palästinensischen Hamas. Dienen soll diese strategische Übereinkunft, die als Jerusalemer Erklärung durch die oben genannten Parteien unterzeichnet wurde, der Legitimierung der Neuen Rechten in Europa. Kent Ekeroth von den Schwedendemokraten formulierte es sehr deutlich: »Legitimiert unsere Parteien in Europa«.[390] Gemeint war, dass die Vertreter der jüdischen Gemeinschaften nicht so hartnäckig gegen die Rechten poltern sollten.

Dementsprechend hart handeln die TopvertreterInnen der Neuen Rechten, wenn es auf bundesweiter Ebene zu antisemitischen Ausfällen kommt. Das Beispiel von Susanne Winter, der ehemaligen Nationalratsabgeordneten, die aus der Partei wegen einer antisemitischen Position ausgeschlossen wurde, ist nur eines von mehreren. Der Parteiausschluss von Jean-Marie Le Pen aufgrund antisemitischer Aussagen durch seine Tochter Marine, die heute die Geschicke der Rassemblement National (zuvor: Front National) lenkt, wäre ein weiteres Beispiel. Der Versuch der strategischen Versöhnung mit den Jüdinnen und Juden und der Versuch der Abkehr von der Schuld des völkisch-nationalen Lagers im Hinblick auf die Ermordung von 6 Millionen Jüdinnen und Juden während des Holocaust manifestieren sich auch im Parteiprogramm der FPÖ. Darin beruft sie sich im Jahr 2011 auf das jüdisch-christliche Erbe,[391] etwas, das vor 20 Jahren noch undenkbar gewesen wäre. Ähnlich wie die Aufnahme des »wehrhaften Christentums« ins Parteiprogramm von 1997[392] dient dieser Bezug auf das Judentum weniger einer Positivdefinition dessen, was die FPÖ vertritt, als der Negativdefinition dessen, wogegen sie ankämpft: die sogenannte ›Islamisierung‹.

Das zeigt auch der Vorfall rund um Susanne Winter. Sie wurde trotz islamophober Aussagen später in den Nationalrat aufgenommen und trotz rechtskräftiger Verurteilung dort belassen. Das war möglich, weil es breite Teile der Gesellschaft gab, die dafür Verständnis aufbrachten, und weil im Gegensatz zum Antisemitismus verschiedene Aspekte des antimuslimischen Rassismus über das ganze politische Spektrum hinweg geteilt wurden.

Erst nach ihren antisemitischen Äußerungen wurde sie aus der Partei ausgeschlossen.

Hier findet sich ein zentraler Aspekt der Strategie der Neuen Rechten, denn die FPÖ versuchte auch im Falle von Susanne Winter eine Rollenumkehr: von ihrer historischen Täter- zu einer Opferrolle. Während sich die Partei vom Antisemitismus, der viele Jahrzehnte lang ein zentraler Bestandteil des völkisch-nationalen Denkens war, lossprach, versuchte sie – ähnlich wie zuletzt Benjamin Netanjahu, der den Mufti von Jerusalem für die Idee des Holocaust verantwortlich machte –, den MuslimInnen die TäterInnenschaft im zeitgenössischen Antisemitismus anzuhängen. So meinte der kurzzeitige Innenminister Herbert Kickl in einer FPÖ-Aussendung, dass »auf allen Ebenen allen Erscheinungsformen des Antisemitismus – insbesondere in Gestalt der aktuellen islamistischen Bedrohung – entschieden entgegenzutreten«[393] sei. Damit gibt er den Verschwörungstheorien der Partei lediglich ein anderes Objekt: nicht das des Juden bzw. der Jüdin, sondern das des Muslims bzw. der Muslimin. Dies entspricht der Selbstdarstellung Straches als »neue[r] Jude[ ]« und dem Vergleich Marine Le Pens, die das Gebet französischer MuslimInnen auf den Straßen mit der Invasion Frankreichs durch die Nazis verglich.[394] Dennoch gibt es immer wieder zahlreiche reale Beispiele antisemitischer Auswüchse in rechten Parteien, die beweisen, dass die alte Ideologie nach wie vor eine Rolle spielt.

Was hier passiert, ist eine Täter-Opfer-Umkehr, basierend auf einer Verschwörungstheorie, die ihren Antisemitismus, da er auf der politischen Bühne als diskreditiert gilt, verbirgt. FPÖ-Funktionäre sprechen in völkischer Manier vom »Biotop des islamischen Fundamentalismus«[395], sogar von einer demografischen »Islamisierung«[396]. Oskar Deutsch, der derzeitige Präsident der Israelitischen Kultusgemeinde Wien, sagte in aller Deutlichkeit: »Es kann […] nicht sein, dass man sich positiv zu Israel äußert und auf der anderen Seite den Islam angreift. Das ist nicht in unserem Sinne.«[397] Ich meine, es ist nicht im Sinne aller nach Gleichheit strebenden Menschen.

Gegenstrategien

Ein von der Europäischen Kommission gefördertes Forschungsprojekt der University of Leeds unter dem Titel ›Counter-Islamophobia Kit‹ hat sich die Aufgabe gestellt, Best-Practice-Beispiele für Gegennarrative zu islamophoben Diskursen herauszuarbeiten, um Strategien gegen Islamophobie zu entwickeln. Das Projekt dokumentiert und analysiert kritisch dominante islamophobe Erzählungen, Gegennarrative zu diesen und die besten damit verbundenen Praktiken in acht EU-Mitgliedstaaten (Belgien, Großbritannien, Frankreich, Deutschland, Ungarn, Griechenland, Portugal und Tschechische Republik), um daraus Gegennarrative zu erstellen. In den Forschungen zu den unterschiedlichen Ländern kristallisieren sich einige Strategien wiederholt heraus:

- Islamophobie sichtbar machen
- Empowerment
- Kreativität in Gegenerzählungen
- Änderung der Rahmung von Konflikten
- Allianzen und Solidarität
- juristische Gegenwehr
- intersektionaler islamischer Feminismus
- demokratisches und politisches Engagement
- Demontage der Erzählung von innen

Vor diesen Empfehlungen sollte eine wichtige Vorbedingung geschaffen werden, die in erster Linie auf der individuellen Ebene angesiedelt ist und mit dem Bewusstsein der Menschen zu tun hat. Die Frage ist hier: Sind wir uns unserer rassistischen Denkweisen, ihrer Alltäglichkeit sowie damit einhergehend unserer privilegierten unmarkierten *weißen* Positionen überhaupt bewusst? Vor allen weiteren Maßnahmen scheint es förderlich, sich als Person mit dieser Frage auseinanderzusetzen, um den Rassismus als solchen überhaupt identifizieren zu können. Wenn Menschen, denen aufgrund ihrer äußerlichen Eigenschaften (Hautfarbe oder Tragen einer religiösen Bedeckung) eine Fremdheit zugeschrieben wird, indem ihnen Fragen wie »Woher kommst du *wirklich*?« gestellt werden, weil ihnen die Zugehörigkeit zum eigenen Kollektiv abgesprochen wird, deutet dies oft nicht auf einen bewussten Rassismus hin, sondern auf rassistische Denkstrukturen, die sich so sehr in unser Alltagswissen eingeschrieben haben, dass sie als Norm gelten und nicht mehr hinterfragt werden. Noah Sow hat mit *Deutschland Schwarz Weiß. Der alltägliche Rassismus*[398] ein kluges Buch vorgelegt, das beim Aufarbeiten und Aufbrechen dieser Denkstrukturen helfen soll. Hilfestellungen für antirassistisches Denken und für dessen Erlernen sind vorhanden.[399] Auch wenn sich diese Literatur nicht explizit mit MuslimInnen, sondern Schwarzen auseinandersetzt, so genügt es, den Begriff ›schwarz‹ durch ›Muslim‹ zu ersetzen, um die Grundmuster von Rassismus zu verstehen. Denn erst ein Bewusstsein-machen erlaubt ein Überwinden rassistischer Denkstrukturen.

Änderung der Rahmung von Konflikten

Mit diesem Bewusstsein steht ein weiterer Aspekt in Verbindung, der von Bedeutung ist: die Islamisierung von sozialen, ökonomischen und politischen Konflikten. Ein zentraler Grundzug des antimuslimischen Rassismus besteht darin, jede Art von politischen oder anderweitigen Konflikten zu Religionskonflikten bzw. zu Konflikten umzudeuten, in denen Kultur und Religion zentral zu sein scheinen. Für ein Weniger an antimuslimischem Rassismus bedarf es einer diskursiven Entislamisierung dieser Konflikte. Das Entkodifizieren dieser islamisierten Konflikte muss in der Alltagssprache ebenso wie in öffentlichen Debatten geschehen. Zentrales Problem dieser Islamisierung unter umgekehrten Vorzeichen ist die gleichzeitige Entpolitisierung von zutiefst politischen Gegenständen. Wenn sozioökonomische und politische Konflikte zu islamischen umgedeutet werden, dann wird beispielsweise aus einer sozialen Frage in den Banlieus (den Pariser Vorstädten) eine Frage der MuslimInnen in den Banlieus oder aus einer sozialen Frage wie den sexuellen Delikten in der Silvesternacht in Köln bzw. auf einem Oktoberfest eine islamische Frage. Erst wenn sowohl (scheinbar) betroffene als auch handelnde AkteurInnen es schaffen, die unterschiedlichen Problemlagen entsprechend zu benennen und nicht durch Kulturalisierung und Religionisierung bzw. Islamisierung zu entpolitisieren, wird es möglich sein, sachliche Debatten zu führen und dementsprechend politische Antworten auf politische Fragen zu finden.

Islamophobie sichtbar machen

In den meisten europäischen Ländern wird die Kategorie ›antimuslimische Hasskriminalität‹ nicht von Behörden erfasst.[400] Deutschland begann 2017 mit dieser Erfassung.[401] In vielen Ländern sind es nicht die staatlichen Einrichtungen, sondern zivilgesellschaftliche Vereinigungen, die sich dieser Thematik angenommen haben. Meist wird das Vorgehen gegen MuslimInnen generell unter rassistischen Übergriffen subsumiert. Manchmal sind es auch Nichtregierungsorganistionen aufseiten der MuslimInnen, die sich speziell dieser Thematik annehmen. Die Anerkennung der Kategorie ›antimuslimische Hasskriminalität‹ ist insofern wichtig, als es dadurch möglich wird, quantitativ aufzuzeigen, wie verbreitet ein Phänomen ist. Dabei ist jedoch anzumerken, dass diese Zahlen meist nicht den tatsächlichen Umfang der Problematik aufzuweisen imstande sind. Das zeigen Studien wie zuletzt jene der FRA, Fundamental Rights Agency, im Rahmen der ›Zweiten Erhebung der Europäischen Union zu Minderheiten und Diskriminierung‹ (EU-MIDIS II). Für MuslimInnen wurde festgehalten, dass fast jede dritte befragte Person angab, dass ihr Diskriminierung bei der Arbeitssuche widerfahre. Beinahe die Hälfte der Befragten gab an, sechs Mal und öfter

Diskriminierung erfahren zu haben. Eine von drei Befragten, die sichtbare religiöse Kleidung tragen, habe Diskriminierung, Belästigung oder Polizeikontrolle erlebt. Lediglich 10 % der Befragten berichteten der Polizei oder Serviceeinrichtungen Vorfälle von durch Hass motivierter Belästigung oder Diskriminierung. Nur 4 % meldeten die Diskriminierung einer Gleichbehandlungsstelle, einer Menschenrechtsstelle oder einer Ombudsperson.[402] Damit liegt die Dunkelziffer um einiges höher als die Zahlen, welche von behördlichen oder auch Nichtregierungsstellen veröffentlicht werden.

Zur Sichtbarmachung gehört auch die öffentliche Debatte. Hier haben insbesondere Intellektuelle, PolitikerInnen und Medienschaffende die Verantwortung, das Thema Islamophobie in seinen verschiedenen Ausformungen und Funktionsweisen kritisch anzusprechen. Dazu bedarf es einer menschlichen Kategorie, nämlich des Mutes, Dinge zu kritisieren, die in manchen Ländern vielleicht breite Akzeptanz finden. Akademische Publikationen wie das *Jahrbuch für Islamophobieforschung* (seit 2010), der *European Islamophobia Report* (seit 2015) oder das Counter-Islamophobia Kit wie auch Tagungen und Islamophobieforschungs-Konferenzen können einen Beitrag zur Aufklärung und Schärfung des Blicks leisten.

Aufseiten der PolitikerInnen verlangt es eine deutliche Position für eine antirassistische Politik, die einhergeht mit dem Einstehen für Nichtdiskriminierung, für Menschenrechte und Religionsfreiheit. Besonders im Zuge des Erstarkens rechter Parteien, die sich mit deutlicher Sprache islamophober Kampagnen bedienen, um unter der Wahlbevölkerung Angst zu schüren, bedarf es des Widerstandes vonseiten der Angehörigen nichtrechter Parteien, um sich klar und deutlich abzugrenzen.

Ein eindeutiges Einstehen für Antirassismus ist auch von Medienschaffenden und JournalistInnen erforderlich. In Ländern wie Deutschland und Österreich ist eine verzerrte und einseitige mediale Thematisierung im Zusammenhang mit Islam und MuslimInnen zu beobachten: »Der Feind im eigenen Land – Wer sind die Terror-Islamisten«,[403] »Auf Streife für Allah – Vor welchem Islam müssen wir Angst haben?«,[404] »Angst vor Gotteskriegern: Bedroht dieser Islam auch uns?«[405] ist nur eine kleine Auswahl von Themen bekannter Talkshows im deutschen Fernsehen, die eine tendenziell negative Islamberichterstattung widerspiegeln.[406] Vor diesem Hintergrund wäre ein kritischerer Umgang mit antimuslimischem Rassismus dringend notwendig.

Entsprechend bedeutsam ist es auch, dass sich WissenschaftlerInnen mit dem Phänomen der Islamophobie beschäftigen und als kritische Stimmen in der Öffentlichkeit auftreten. Das Angebot an akademischem Fachwissen erlaubt es JournalistInnen nicht nur, auf diese Thematik aufmerksam zu machen, sondern bei Bedarf auch auf entsprechende Experten zurückzugreifen. Das gibt den entsprechenden AkademikerInnen auch die Möglichkeit, sich selbst, etwa in Form von Gastkommentaren, sichtbar zu machen und damit in öffentlichen Debatten kritisch zu intervenieren.

Empowerment

Das Schaffen von Bewusstsein gilt insbesondere auch für die vordergründig betroffene muslimische Gemeinschaft. Sind sich MuslimInnen ihrer Rechte nicht bewusst, können diese nur schwer auf juristischem Wege erkämpft werden. Sind die entsprechenden Dokumentationsstellen nicht bekannt, können Fälle von Diskriminierung nur schwer dokumentiert werden. Zudem braucht es auch aufseiten der MuslimInnen sichere Räume. Diese sind wichtig, um sich über rassistische Erfahrung sowie individuelle und kollektive Gegenstrategien im Kampf gegen Rassismen auszutauschen. Es braucht diese Räume aber auch, um Gegennarrative zu ermöglichen. Indem insbesondere junge MuslimInnen mit einem öffentlichen Diskurs aufwachsen, der ihre Religion in ein negatives Licht stellt, bedarf es Orten, an denen Erzählungen über den Islam aus muslimischer Perspektive existieren, die eine positive

Konnotation erlauben: einen positiven Bezug zur Geschichte des Islams, zu seiner Vielfalt und seinen Glaubensgrundsätzen. Wie der US-amerikanische Soziologe W.E.B. Du Bois mit seinem Konzept des doppelten Bewusstseins erklärte, hat Rassismus auf die Personen, gegen die er sich richtet, den Effekt, dass sie nicht mehr imstande sind, sich selbst mit eigenen Augen zu sehen, und sich vielmehr durch die Brille des rassistischen Diskurses betrachten.[407] Insofern sind positive Selbstbezüge von MuslimInnen, die den Reichtum ihrer Geschichte und Gegenwart würdigen, ohne in eine fundamentalistische Reduktion und Essenzialisierung zu verfallen, von zentraler Bedeutung auch für das gesundheitliche Wohlergehen von Kindern, wie verschiedene Studien zu den psychologischen Effekten von Islamophobie zeigen.[408]

Empowerment bedeutet auch, dass MuslimInnen einen Raum haben, erhalten oder beanspruchen, um ihren Erzählungen einen Platz zu geben. Das beginnt beim Schreiben von Texten, geht über kreative Verarbeitung eigener Erfahrungen mithilfe von Theater, Videos und anderen Methoden und reicht bis zu Weiterbildung im rechtlichen Bereich, um sie über ihre eigenen Rechte aufzuklären.

Gegenerzählungen

Zu islamophoben Erzählungen braucht es Gegenerzählungen. Gegenerzählungen, welche die mit politischen, sozialen, ökonomischen, kulturellen und wissenschaftlichen Resssourcen ausgestattete Dominanzgesellschaft nicht zur Norm erheben, sondern von der Inklusion aller Menschen in die Gesellschaft ausgehen und nicht von einer Integration, die de facto als Assimilation verstanden wird. Diese Gegenerzählung bedeutet eine symbolische Anerkennung, die den sinnstiftenden Figuren verAnderter Menschen einen Raum gibt.

Diese Gegenerzählungen haben aber nur dann Sinn, wenn sie mit der tatsächlichen Teilhabe an politischen, sozialen, ökonomischen, kulturellen und wissenschaftlichen Prozessen einhergehen. Das bedeutet im Umkehrschluss auf einer fundamentalen Ebene, dass es einer gerechteren Gesellschaft bedarf, in der struktureller Rassismus abgebaut wird. Dies gilt insbesondere im Bildungsbereich, wo im Falle Österreichs nicht nur Islamophobie als häufigster Diskriminierungsgrund an Schulen genannt wird,[409] sondern de facto eine Segregation dazu führt, dass als ›anders‹ markierte Kinder von Beginn an einen schlechteren Zugang zum Bildungsangebot haben,[410] was in der Folge eine gleichberechtigte Teilhabe am Leben in der Gesellschaft schwieriger macht. Die von Deutschland ausgehende #MeToo-Kampagne hat zuletzt gezeigt, wie sehr auch im Bildungsbereich alltäglich Rassismus erlebt wird. Die Schranken, die verAnderten Menschen gesetzt werden, prägen den weiteren Verlauf von Biografien.

Allianzen

Politische Allianzen scheinen von zentraler Bedeutung im Kampf für eine weniger rassistische und mehr an Gleichheit orientierte Gesellschaft zu sein. Jede gesellschaftlich organisierte Gruppe, die sich für mehr Gleichheit und weniger Diskriminierung in der Gesellschaft einsetzt, sollte ebenso den Kampf gegen antimuslimischen Rassismus, der heutzutage sehr salonfähig ist, führen. Dass ein gemeinsames Bestreben gegen Rassismus zielführend ist, zeigen unzählige Beispiele, in denen Allianzen von zentraler Bedeutung für ein erfolgreiches Vorgehen sind. So haben infolge der Wahl Donald Trumps muslimische Personen Allianzen mit anderen Gruppen geschmiedet, wodurch sie ihre Anliegen besser voranbringen konnten. Dass im Zuge der Midterm Elections 2018 erstmals zwei muslimische Politikerinnen in den Kongress gewählt wurden, ist auch auf die Allianzen zurückzuführen, die in der Zeit des Protestes gegen Trump und des wieder aufkeimenden weißen Rassismus geschmiedet wurden. Je offener MuslimInnen auf andere Gruppen zugegangen sind, desto mehr konnten sie ihre Anliegen durchsetzen. Als 2012 ein Kölner Gericht die Beschneidung von jungen Juden und Muslimen als Körperverletzung qualifizierte[411] und sie infolgedessen verboten wurde, konnten die jüdische und die muslimische Gemeinschaft durch gemeinsames Vorgehen erreichen, dass ein Bundestagsbeschluss die Beschneidung unter bestimmten Voraussetzungen erlaubt.[412]

Auch wenn diese Allianzen angesichts der Normalität des antimuslimischen Rassismus im Hinblick auf das politische Ergebnis nicht immer erfolgreich sind, so sind sie dennoch bedeutsam, da sie einerseits überhaupt erst ein Bewusstsein für die Problematik schaffen und andererseits die Anliegen von MuslimInnen bei einer größeren Anzahl von Menschen bekannt machen. So zeigt auch die Mobilisierung verschiedener AkteurInnen gegen das von der österreichischen Bundesregierung neu eingeführte Islamgesetz im Jahre 2015, dass viele Menschen sich gegen die gesetzliche Diskriminierung von MuslimInnen zur Wehr setzen.[413] Der Bürgerinitiative gegen die Diskriminierung im neuen Islamgesetz und für einen alternativen Vorschlag, der auf Gleichberechtigung beruht, haben mehr als 20.000 wahlberechtigte Menschen ihre Unterstützung gegeben. Im Zuge des Begutachtungsverfahrens war die überwiegende Mehrheit der GutachterInnen – von Kirchen bis hin zu Einzelpersonen – dem Gesetzesvorschlag gegenüber kritisch eingestellt, und auch andere gesellschaftliche Gruppen, darunter sogar die Jugendorganisation einer damaligen Regierungspartei, positionierten sich gegen das Gesetz.[414] Diese Allianzen sind von großer Bedeutung.

Zentral für die Bekämpfung von antimuslimischem Rassismus wird sein, inwiefern Menschen über die Gruppe der MuslimInnen hinaus deutlich wird, dass sich dieser Rassismus in vielfältiger Weise gegen die gesamte Gesellschaft richtet. Er legitimiert autoritäre Politik, Diskriminierung von Minderheiten und trägt damit insgesamt zu einer Verrohung der Gesellschaft bei. Diese Einsicht ist ein Schlüssel zur Bildung von Koalitionen gegen einen Rassismus, der heute salonfähig geworden ist.

Anmerkungen

1 So hat das Haas Institute for a Fair and Inclusive Society an der University of California in Berkeley begonnen, themenspezifische kommentierte Literaturzusammenstellungen zu präsentieren. Die erste Publikation in dieser Reihe ist: Itaoui, Rhonda/Elsheikh, Elsadig (2018): Islamophobia in the United States: A Reading Resource Pack. Berkeley: University of California, Haas Institute.

2 Zit. n. Köhler, Fabian (2017): Feindbild statt Wähler. Wie im republikanischen Vorwahlkampf Stimmung gegen MuslimInnen gemacht wird. In: Jahrbuch für Islamophobieforschung 2017, 102–117, 111.

3 Agenturen: Ramadan: Nehammer fordert Fastenverbot für schulpflichtige Kinder, Kurier, 14. Juni 2018, https://kurier.at/politik/inland/ramadan-nehammer-fordert-fastenverbot-fuer-schulpflichtige-kinder/400050851 [zugegriffen am 12.04.2019].

4 Vgl. Pulzer, Peter (2005): Third Thoughts on German and Austrian Antisemitism. In: Journal of Modern Jewish Studies, 4:2, 137–178, 137.

5 Baldwin, James/Peck, Raoul (2017): I Am Not Your Negro. London: Penguin, 108 f.

6 Vgl. Amir-Moazami, Schirin (2016): Dämonisierung und Einverleibung: Die ›muslimische Frage‹ in Europa. In: Castro Valera, Maria do Mar/Mecheril, Paul (Hg.): Die Dämonisierung der Anderen. Rassismuskritik der Gegenwart. Bielefeld: Transcript, 21–40.

7 Eine Dimension, die in dieser Einführungslektüre nicht angesprochen wird, ist die der Semantik. Noch mehr als im angloamerikanischen Raum diskutieren im deutschsprachigen Raum viele AutorInnen über die ›richtige Bezeichnung‹. Sie bringen immer wieder vor, dass nicht von Islamophobie die Rede sein solle, da damit eine psychische Krankheit, die es zu heilen gelte, insinuiert werde. Stattdessen werden oftmals die Begriffe Antimuslimismus und Islamfeindlichkeit vorgeschlagen. Siehe dazu auch: Pfahl-Traughber, Armin (2011): Feindschaft gegenüber den Muslimen? Kritik des Islam? Begriffe und ihre Unterschiede aus menschenrechtlicher Perspektive. In: Benz, Wolfgang/Pfeiffer, Thomas (Hg.), »WIR oder Scharia«? Islamfeindliche Kampagnen im Rechtsextremismus. Analysen und Projekte zur Prävention. Schwalbach/Ts.: Wochenschau, 59–70. Ich meine, dass die Frage der ›korrekten Bezeichnung‹ sekundär ist, weil es so etwas wie eine ›korrekte Bezeichnung‹ nicht geben kann. Vielmehr gilt für die Geistes- und Sozialwissenschaften, dass die konzeptionelle Erfassung eines Gegenstandes, also die Theorie eines Begriffes, von Bedeutung ist.

8 Original: »There isn't any Negro problem; there is only a white problem.« Zit.

n. Kinnamon, Keneth/Fabre, Michel (Hg.) (1993): Conversations with Richard Wright. Jackson: University Press of Mississippi, 99.

9 Jochmann, Werner (1976): Struktur und Funktion des deutschen Antisemitismus. In: Mosse, Werner/Paucker, Arnold (Hg.): Juden im wilhelminischen Deutschland. 1890–1914. Tübingen: J.C.B. Mohr, 389–477, 396.

10 Sartre, Jean-Paul (1948): Betrachtungen zur Judenfrage. Psychoanalyse des Antisemitismus. Zürich: Europa, 10 f.

11 Ebd.

12 Valentin, zit. n. Pulzer (2005): Third Thoughts on German and Austrian Antisemitism, 137.

13 Baldwin/Peck (2017): I Am Not Your Negro, 108 f. <Übersetzung von Farid Hafez>

14 Zit. n. Mayerhofer, Rainer: Hamann, Brigitte (13.10.2008): Hitlers Edeljude. Wiener Zeitung, https://www.wienerzeitung.at/nachrichten/kultur/literatur/253569_Hamann-Brigitte-Hitlers-Edeljude.html [zugegriffen am 05.01.2019].

15 Chatham House Feedback (07.02.2017): What Do Europeans Think About Muslim Immigration?, https://www.chathamhouse.org/expert/comment/what-do-europeans-think-about-muslim-immigration#sthash.O6J7kQrj.dpuf [zugegriffen am 05.01.2019].

16 Vgl. Marmer, Elina (2018): Kritisches Weißsein als Perspektivwechsel und Handlungsaufforderung. In: Blank, Beate/Gögercin, Süleyman/Sauer, Karin E./Schramkowski, Barbara (Hg.): Soziale Arbeit in der Migrationsgesellschaft. Grundlagen – Konzepte – Handlungsfelder. Wiesbaden: Springer VS, 291–302.

17 Vgl. Arndt, Susan (2006): Weißsein. Die verkannte Strukturkategorie Europas und Deutschlands. In: Eggers, Maureen Maisha/Kilomba, Grada/Piesche, Peggy/Arndt, Susan (Hg.): Mythen, Masken und Subjekte. Kritische Weißseinsforschung in Deutschland. Münster: Unrast, 24–28; Arndt, Susan (2006): Mythen des *weißen* Subjekts: Verleugnung und Hierarchisierung von Rassismus. In: Eggers/Kilomba/Piesche/Arndt: Mythen, Masken und Subjekte, 340–362.

18 Allen, Chris (2011): Islamophobia: From K.I.S.S. To R.I.P. In: Sayyid, S./Vakil, AbdoolKarim (Hg.): Thinking Through Islamophobia: Global Perspectives. New York: Columbia University Press, 51–64.

19 Dinet, Étienne/Ben Ibrahim, Sliman (1925): L'Orient vu de l'Occident. Essai critique. Paris: H. Piazza, 176–183.

20 Cook, Stanley A. (1923): The History of Religions. In: The Journal of Theological Studies, 25:97, 101–109.

21 Said, Edward W. (1985): Orientalism reconsidered. In: Race & Class, 27:2, 1–15.

22 Neuffer, Elizabeth (1995): Islamophobia in Europe Fuels Tensions, Isolation. In: The Boston Globe, 06:20, zit. n. Islamophobia is the right word for a real problem, The Bridge Initiative, 8.9.2016 https://web.archive.org/web/20181020085418/http://bridge.georgetown.edu/islamophobia-the-right-word-for-a-real-problem/ [zugegriffen am 05.06.2019].

23 Runnymede Trust (1997): Islamophobia: A Challenge for us all. London: Runnymede Trust.

24 Elahi, Farah/Khan, Omar (Hg.) (2017): Islamophobia. Still a Challenge for us all. A 20th-anniversary report. Hg. v. Runnymede Trust, https://www.runnymedetrust.org/uploads/Islamophobia%20Report%202018%20FINAL.pdf [zugegriffen am 12.04.2019].

25 Ebd., 1.

26 Vgl. Sayyid, Salman/Vakil, AbdoolKarim (29.11.2017): Reports of Islamophobia: 1997 & 2017. IRD Project, https://irdproject.com/reports-of-islamophobia-1997-2017/ [zugegriffen am 05.01.2019].

27 Allen, Christopher/Nielsen, Jørgen S. (2002): Summary Report on Islamophobia in the EU 15 after 11 September 2001. Wien: European Monitoring Centre on Racism and Xenophobia.

28 Annan, Kofi (07.12.2004): Secretary-General, addressing headquarters seminar Wed Confronting Islamophobia. United Nations, press release.

29 FRA (2006): MuslimInnen in der Europäischen Union. Diskriminierung und Islamophobie, https://fra.europa.eu/sites/default/files/fra_uploads/156-Manifestations_DE.pdf [zugegriffen am 12.04.2019].

30 Organisation of Islamic Cooperation (2019): Islamophobia Observatory, https://www.oic-oci.org/page/?p_id=182&p_ref=61&lan=en [zugegriffen am 12.04.2019].

31 European Islamophobia (2018): European Islamophobia Report 2017, http://www.islamophobiaeurope.com/wp-content/uploads/2018/07/EIR_2017.pdf [zugegriffen am 12.04.2019].

32 Time Magazine (30.08.2010): Is America Islamophobic?, http://content.time.com/time/covers/0,16641,20100830,00.html [zugegriffen am 12.04.2019].

33 Ghosh, Bobby (30.08.2010): Is America Islamophobic. Time Magazine, http://content.time.com/time/magazine/article/0,9171,2011936,00.html [zugegriffen am 12.04.2019].

34 Bridge Initiative Team (08.09.2016): Islamophobia: The Right Word for a Real Problem, The Bridge Initiative, 8.9.2016 https://web.archive.org/web/20181020085418/http://bridge.georgetown.edu/islamophobia-the-right-word-for-a-real-problem/ [zugegriffen am 05.06.2019].

35 Redaktion: Van der Bellen sorgt mit Statement zu Kopftuch für Aufregung, Der Standard, 26.04.2017, https://derstandard.at/2000056579232/Van-der-

Bellen-sorgt-mit-Statement-zu-Kopftuch-fuer-Aufregung [zugegriffen am 12.04.2019].

36 All Party Parliamentary Group on British Muslims (2018): Islamophobia Defined – The inquiry into a working definition of Islamophobia, https://appg-britishmuslims.org/publications [zugegriffen am 12.04.2019].

37 Attia, Iman/Shooman, Yasemin (2010): »Aus blankem Hass auf Muslime«. Zur Rezeption des Mordes an Marwa el-Sherbini in deutschen Printmedien und im deutschsprachigen Internet. In: Jahrbuch für Islamophobieforschung 2010, 23–46.

38 Pfahl-Traughber (2011): Feindschaft gegenüber den Muslimen?

39 Vgl. Robinson, William (2004): What to Expect from US ›Democracy Promotion‹ in Iraq, 01.07.2004, https://focusweb.org/what-to-expect-from-us-democracy-promotion-in-iraq/ [zugegriffen am 05.01.2019].

40 Vgl. Gates of Vienna (2006): Coming Soon to an Islamophobe Near You, Gates of Vienna, 14.03.2006, http://gatesofvienna.blogspot.com/2006/03/coming-soon-to-islamophobe-near-you.html [zugegriffen am 05.01.2019].

41 Muftic, Armin (28.01.2014): Islamophobia Studies – Islamophobieforschung: Bibliographie – Bibliography, Islamophobieforschung, https://islamophobieforschung.wordpress.com/2014/01/28/islamophobia-studies-islamophobieforschung-bibliographie-bibliography/ [zugegriffen am 05.01.2019].

42 Schmeisser, Martin (2008): »Mohammed, der Erzbetrüger«. Negative Darstellungen des Propheten in den religionskritischen Produktionen des Libertinismus und der Radikalaufklärung. In: Klein, Dietrich/Platow, Birte (Hg.): Wahrnehmung des Islam zwischen Reformation und Aufklärung. Paderborn, München: Wilhelm Fink, 77–108, 78 f.

43 Vgl. Miles, Robert/Brown, Malcolm (2003): Racism. Second edition. New York: Routledge, 27.

44 Vgl. ebd., 28.

45 Vgl. ebd., 29.

46 Vgl. Bühl, Achim (2010): Islamfeindlichkeit in Deutschland. Ursprünge, Akteure, Stereotypen. Hamburg: VSA, 15 f.

47 Vgl. Miles/Brown (2003): Racism, 25.

48 Vgl. Jaspert, Nikolas (2010): Die Kreuzzüge. Darmstadt: Wissenschaftliche Buchgesellschaft.

49 Zit. n. Miles/Brown (2003): Racism, 29.

50 Vgl. Bühl (2010): Islamfeindlichkeit in Deutschland, 21–47.

51 Vgl. Saviello, Alberto (2015): Imaginationen des Islam. Bildliche Darstellungen des Propheten Mohammed im westeuropäischen Buchdruck bis ins 19. Jahrhundert. Berlin, München, Boston: De Gruyter.

52 Ebd., 197.

53 Ebd., 25–80.

54 Ebd., 17–20.
55 Ebd., 165.
56 Vgl. Kaufmann, Thomas (2008): Aspekte der Wahrnehmung der »türkischen Religion« bei christlichen Autoren des 15. und 16. Jahrhunderts. In: Klein, Dietrich/Platow, Birte (Hg.): Wahrnehmung des Islam zwischen Reformation und Aufklärung. Paderborn, München: Wilhelm Fink, 9–26, 24 f.
57 Vgl. »Kinderleid im Islam: FPÖ Graz gegen falsche Toleranz.« In: Wir Grazer. Das Bürgermagazin, 6.
58 Vgl. Roling, Bernd (2008): Humphrey Prideaux, Eric Fahlenius, Adrian Reland, Jacob Ehrharth und die Ehre des Propheten: Koranpolemik im Barock. In: Klein, Dietrich/Platow, Birte (Hg.): Wahrnehmung des Islam zwischen Reformation und Aufklärung. Paderborn, München: Wilhelm Fink, 61–76, 65 f.
59 Benz, Wolfgang (2011): Antisemitismus und »Islamkritik«. Bilanz und Perspektive. Berlin: Metropol, 176.
60 Vgl. Diouf, Sylviane A. (1998): Servants of Allah. African Muslims Enslaved in the Americas. New York: New York University Press, 36.
61 Ebd.
62 Ortiz, Max Portugal (1977): La esclavitud negra en las épocas colonial y nacional de Bolivia (La Paz: Instituto Boliviano de Cultura, 1977), 14 f., zit. n. Diouf (1998): Servants of Allah, 18.
63 Said, Edward W. (2009) [1978]: Orientalismus. Frankfurt am Main: S. Fischer, 11.
64 Ebd., 11 f.
65 Vgl. ebd., 14.
66 Ebd., 15.
67 Ebd., 21 f.
68 Vgl. Gingrich, Andre (1999): Österreichische Identitäten und Orientbilder. Eine ethnologische Kritik. In: Dostal, Walter/Niederle, Helmuth A./Wernhart, Karl R. (Hg.): Wir und die Anderen. Islam, Literatur und Migration. Wien: WUV, S. 29–35.
69 Said, Edward W. (2009) [1978]: Orientalismus. Frankfurt am Main: S. Fischer, 382.
70 Ebd., 409.
71 Attia, Iman (2007): Kulturrassismus und Gesellschaftskritik. In: ders. (Hg.): Orient- und IslamBilder. Interdisziplinäre Beiträge zu Orientalismus und antimuslimischem Rassismus. Münster: Unrast, 5–28, 11.
72 Ebd., 21 f.
73 Huntington, Samuel P. (2004): Who Are We? The Challenges to America's National Identity. New York: Simon & Schuster.

74 Huntington, Samuel P. (1997): The Clash of Civilisations and the Remaking of World Order. New York: Simon & Schuster.
75 Schulze, Reinhard (1991): Vom Anti-Kommunismus zum Anti-Islamismus. Der Kuwait-Krieg als Fortschreibung des Ost-West-Konflikts. In: Peripherie, 41, 5–12, 7.
76 Ebd.
77 Lewis, Bernard (1994): Der Atem Allahs. Die islamische Welt und der Westen – Kampf der Kulturen? Wien, München: Europa.
78 Lewis, Bernard (1990): The Roots of Muslim Rage. The Atlantic, https://www.theatlantic.com/magazine/archive/1990/09/the-roots-of-muslim-rage/304643/ [zugegriffen am 12.04.2019].
79 Huntington, Samuel P. (1993): The Clash of Civilizations? In: Foreign Affairs, 72:3, 22–49.
80 Huntington (1997): The Clash of Civilisations.
81 Zit. n. Ruf, Werner (2012): Der Islam – Schrecken des Abendlands. Wie sich der Westen sein Feindbild konstruiert. Köln: PapyRossa, 38.
82 Ebd., 39–43.
83 Zit. n. ebd., 52.
84 Vgl. Kumar, Deepa (2012): Islamophobia and the Politics of Empire. Chicago: Haymarket Books, 63–80.
85 Vgl. El-Tayeb, Fatima (2008): »The Birth of a European Public«: Migration, Postnationality, and Race in the Uniting of Europe. In: American Quarterly, 60:3, 649–670, 658.
86 Messerschmidt, Astrid (2017): Rassismusthematisierungen in den Nachwirkungen des Nationalsozialismus und seiner Aufarbeitung. In: Fereidooni, Karim/El, Meral (Hg.): Rassismuskritik und Widerstandsformen. Wiesbaden: Springer VS, 855–867.
87 Whitman, James Q. (2017): Hitler's American Model. The United States and the Making of Nazi Race Law. Princeton: Princeton University Press, 126.
88 Vgl. Hamann, Ulrike (2016): Prekäre koloniale Ordnung. Rassistische Konjunkturen im Widerspruch. Deutsches Kolonialregime 1884–1914. Bielefeld: Transcript, 21.
89 Vgl. El-Tayeb, Fatima (1999): »Blood Is a Very Special Juice«: Racialized Bodies and Citizenship in Twentieth-Century Germany. In: International Review of Social History, 44, Supplement, 149–169.
90 El-Tayeb (2008): »The Birth of a European Public«, 658.
91 Ebd.
92 Wodak, Ruth/de Cillia, Rudolf de Cillia (2018): Zur diskursiven Konstruktion österreichischer Identität/en 2015: Eine Longitudinalstudie, https://nationale-identitaet-2015.univie.ac.at/ [zugegriffen am 12.04.2019].
93 Ebd.

94 Vgl. hierzu Pautz, Hartwig (2005): Die deutsche Leitkultur: Eine Identitätsdebatte. Neue Rechte, Neorassismus und Normalisierungsbemühungen. Stuttgart: Ibidem.

95 Betz, Hans-Georg (2002): Rechtspopulismus in Westeuropa: aktuelle Entwicklungen und politische Bedeutung. In: Österreichische Zeitschrift für Politikwissenschaft, 31:3, 251–264, 253–256.

96 Skenderovic, Damir (2006): Feindbild Muslime – Islamophobie in der radikalen Rechten. In: Altermatt, Urs/Delgado, Mariano/Vergauwen, Guido (Hg.): Der Islam in Europa. Zwischen Weltpolitik und Alltag. Stuttgart: Kohlhammer, 79–95, 88 ff.

97 Fortuyn, Pim (1997): De islamisering van onze cultuur. Nederlands identiteit als fundament. Utrecht: Karakter.

98 Vgl. Bunzl, Matti (2005): Between anti-Semitism and Islamophobia: Some thoughts on the new Europe. In: American Ethnologist, 32:4, 499–508, 506.

99 Zit. n. Kundnani, Arun (2012): Twenty-First Century Crusaders. In: Critical Muslim, 3, 41–64, 52.

100 Zit. n. Skenderovic (2006): Feindbild Muslime, 90 f. [Übersetzung: Damir Skenderovic].

101 Vgl. Hafez, Farid (2014): Shifting borders: Islamophobia as common ground for building pan-European right-wing unity. In: Patterns of Prejudice, 48:5, 479–499.

102 Vgl. Hafez, Farid (17.09.2018): The Far Right in Europe: How promising is Steve Bannon's European organization ›The Movement‹? Bridge. A Georgetown University Initiative, http://bridge.georgetown.edu/steve-bannons-european-movement/ [zugegriffen am 05.01.2019].

103 Foucault, Michel (1998) [1975]: Überwachen und Strafen. Die Geburt des Gefängnisses. Frankfurt am Main: Suhrkamp.

104 Beispielhaft seien folgende Arbeiten genannt: Amanuel, Saba (1996): Frauenfeind Islam? Wie die Frauenzeitschrift Brigitte an Klischees weiterstrickt. In: Röben, Bärbel/Wilß, Cornelia (Hg.): Verwaschen und verschwommen. Fremde Frauenwelten in den Medien. Frankfurt am Main: Brandes & Apsel, 95–108; Thofern, Detlef (1998): Darstellungen des Islams in »Der Spiegel«. Eine inhaltsanalytische Untersuchung über Themen und Bilder der Berichterstattung von 1950 bis 1989. Hamburg: Dr. Kovač; Hafez, Kai (1999): Antisemitismus, Philosemitismus und Islamfeindlichkeit: ein Vergleich ethnisch-religiöser Medienbilder. In: Butterwegge, Christoph/Hentges, Gudrun/Sarigöz, Fatma (Hg.): Medien und multikulturelle Gesellschaft. Opladen: Leske und Budrich, 122–135.

105 Peucker, Mario (2009): Islamfeindlichkeit – die empirischen Grundlagen. In: Schneiders, Thorsten Gerald (Hg.): Islamfeindlichkeit. Wenn die Grenzen

der Kritik verschwimmen. Wiesbaden: VS Verlag für Sozialwissenschaften, 155–166, 160.

106 Ebd.

107 Global Terrorism Database Codebook (2018): Codebook: Inclusion Criteria and Variables. University of Marlyland, https://www.start.umd.edu/gtd/downloads/Codebook.pdf [zugegriffen am 05.01.2019].

108 Chalabi, Mona (20.07.2018): Terror attacks by Muslims receive 357 % more press attention, study finds. The Guardian, https://www.theguardian.com/us-news/2018/jul/20/muslim-terror-attacks-press-coverage-study?CMP=share_btn_tw [zugegriffen am 05.01.2019].

109 Hafez, Kai (2002): Die politische Dimension der Auslandsberichterstattung. Bd. 2: Das Nahost- und Islambild der deutschen überregionalen Presse, Baden-Baden: Nomos.

110 Hafez, Kai/Richter, Carola (2007): Das Islambild von ARD und ZDF. In: Aus Politik und Zeitgeschichte, 26–27, 40–46.

111 Jäger, Siegfried (2007). Der Karikaturenstreit im »Rechts-Mitte-Links«-Diskurs deutscher Print-Medien. In: Jäger, Siegfried/Halm, Dirk (Hg.): Mediale Barrieren. Rassismus als Integrationshindernis. Münster: Unrast, 51–103.

112 Vgl. Thurner, Ingrid (2012): Die dunkle Seite des Postens. Diskursmuster und Diskursstrategien bei Islamthemen. In: Jahrbuch für Islamophobieforschung 2012, 154–176.

113 Ebd.

114 Isaacs, Arnold (31.07.2018): The Real Founders of Fake News? American Islamophobes. The Nation, https://www.thenation.com/article/real-founders-fake-news-american-islamophobes/ [zugegriffen am 06.01.2019].

115 Hafez, Farid (2013): Islamophobe Weltverschwörungstheorien … und wie Obama vom Muslim zum Muslimbruder wurde. In: Journal für Psychologie, 21:1, 1–22.

116 Vgl. Hafez, Farid (2019): Muslim Civil Society under Attack: The European Foundation for Democracy's Role in Defaming and Delegitimizing Muslim Civil Society. In: Esposito, John L./Derya, Iner (Hg.): Islamophobia and Radicalization. Breeding Intolerance and Violence. Cham: Palgrave Macmillan, 117–137.

117 Schiffer, Sabine (2009): Grenzenloser Hass im Internet. Wie »islamkritische« Aktivisten in Weblogs argumentieren. In: Schneiders, Thorsten Gerald (Hg.): Islamfeindlichkeit. Wenn die Grenzen der Kritik verschwimmen. Wiesbaden: VS Verlag für Sozialwissenschaften, 341–362, 341ff.

118 Ebd., 343.

119 Ebd.

120 Muftić, Armin (2015): Islamkritik – ein Kampfbegriff? Ein Essay. In: Jahrbuch für Islamophobieforschung 2015, 83–99.

121 Lohlker, Rüdiger (2010): Islamkritik.at – ein österreichischer Subdiskurs des europäischen antimuslimischen Rassismus. In: Jahrbuch für Islamophobieforschung 2010, 78–85, 78.

122 Vgl. Steffek, Alexander (2010): Islamophobie in Österreich – ein qualitativer Bericht. In: Jahrbuch für Islamophobieforschung 2010, 100–108, 103.

123 Vgl. Schneiders, Thorsten Gerald (2009): Die Schattenseite der Islamkritik, Darlegung und Analyse der Argumentationsstrategien von Henryk M. Broder, Ralph Giordano, Necla Kelek, Alice Schwarzer und anderen. In: ders. (Hg.): Islamfeindlichkeit. Wenn die Grenzen der Kritik verschwimmen. Wiesbaden: VS Verlag für Sozialwissenschaften, 403–432.

124 Kreis, Georg (2010): Zur Islamophobie in der schweizerischen Variante. In: Jahrbuch für Islamophobieforschung 2010, 47–61, 47.

125 Nr. 2/89 von Volk + Heimat. Zit. n. ebd., 50.

126 Ebd.

127 Ebd.

128 Vgl. Kreis, Georg (2007): Kein Volk von Schafen. Rassismus und Antirassismus in der Schweiz. Zürich: Salis.

129 Kreis (2010): Zur Islamophobie in der schweizerischen Variante. Ähnliche Ergebnisse konnten auch im Falle der Analyse von Argumenten und Erzählstrategien rechter und rechtspopulistischer Akteure in der Moscheedebatte in München gefunden werden. Dort stand die Moschee neben Bildern wie Krieg der Kulturen und Terrorgefahr zudem als Sinnbild für den politischen Islam, städtebauliche Konfliktaspekte, das Einknicken der Einheimischen gegenüber MuslimInnen. Es wurden Vergleiche von MuslimInnen zu Nazis gezogen und der Bauherr mit Verschwörungen in Verbindung gebracht. Siehe dazu: Ayoub, Nadja/Lohmeier, Christine: Moscheen als schreckenerregende Bedrohung – Argumente und Erzählstrategien rechter und rechtspopulistischer Akteure in der Moscheedebatte in München. Jahrbuch für Islamophobieforschung 2016, 142–163.

130 Der Bundesrat (18.04.1999): Bundesverfassung der Schweizerischen Eidgenossenschaft, https://www.admin.ch/opc/de/classified-compilation/19995395/index.html#a72 [zugegriffen am 06.01.2019].

131 Vgl. Potz, Richard/Hafez, Farid (2009): Moschee- und Minarettbauverbote in Kärnten und Vorarlberg. In: Bunzl, John/Hafez, Farid (Hg.): Islamophobie in Österreich. Innsbruck, Wien, Bozen: StudienVerlag, 144–156.

132 Vgl. Hafez, Farid (2010): Islamophober Populismus. Moschee- und Minarettbauverbote österreichischer Parlamentsparteien. Wiesbaden: VS Verlag für Sozialwissenschaften, 193–196.

133 Ebd., 181–196.

134 Im Bundesland Wien stellte man sich seitens des Gemeinderates mit einer klaren Mehrheit gegen ein Verbot.

135 Mattes, Astrid (2011): Vorbild oder Fehlentwicklung – Wie Österreichs Medien über das Schweizer Minarettbauverbot berichten. In: Jahrbuch für Islamophobieforschung 2011, 25–37.
136 Kreutzer, Florian, unter Mitarbeit von Demir, Sümeyye (2015): Stigma »Kopftuch«. Zur rassistischen Produktion von Andersheit. Bielefeld: Transcript.
137 Ebd. 49-114.
138 Ebd., 17.
139 Ebd., 49–50.
140 Vgl. Kreis (2010): Zur Islamophobie in der schweizerischen Variante.
141 Rostock, Petra/Berghahn, Sabine (2009): Einleitung: Der Stoff, aus dem die Kopftuch-Konflikte sind. In: dies. (Hg.): Der Stoff, aus dem Konflikte sind. Debatten um das Kopftuch in Deutschland, Österreich und der Schweiz. Bielefeld: Transcript, 9–29, 11.
142 Vgl. ebd., 45.
143 Vgl. Korteweg, Anna C./Yurdakul, Gökçe (2016): Kopftuchdebatten in Europa. Konflikte um Zugehörigkeit in nationalen Narrativen. Bielefeld: Transcript.
144 Hafez, Farid (2017): Österreichischer Islamophobiebericht 2017. Ankara: SETA, 20–26, https://setav.org/de/assets/uploads/2018/07/Analysis_42.pdf [zugegriffen am 12.04.2019].
145 Vgl. Rostock/Berghahn (2009): Einleitung, 18.
146 Korteweg/Yurdakul (2016): Kopftuchdebatten in Europa, 229 f.
147 Vgl. ebd., 17.
148 Easat-Daas, Amina (2017): Islamophobia in Belgium. National Report 2017. In: Bayrakli, Enes/Hafez, Farid (Hg.): European Islamophobia Report 2017. Ankara: SETA, 85–108, 95.
149 Müller, Marco (01.07.2018): Full-face veil ban: How laws differ across Europe, DW, https://www.dw.com/en/full-face-veil-ban-how-laws-differ-across-europe/a-44049185 [zugegriffen am 06.01.2019].
150 Fellner, Wolfgang (22.03.2016): Wie lange schauen wir dem Terror noch wehrlos zu? Österreich, http://www.oe24.at/oesterreich/politik/wolfgang-fellner/Wie-lange-schauen-wir-dem-Terror-noch-wehrlos-zu/228949560 [zugegriffen am 21.12.2016].
151 Hafez, Farid (2012): Anas Schakfeh. Das österreichische Gesicht des Islams. Wien: Braumüller, 98.
152 Zit. n. ebd., 112.
153 Ebd.
154 Es sind § 4 und § 5. Vgl. Dautović, Rijad/Hafez, Farid (2018): Institutionalizing Islam in Contemporary Austria: A Comparative Analysis of the Austrian Islam Act of 2015 and Austrian Religion Laws with Special Emphasis

on the Israelite Act of 2012. In: Oxford Journal of Law and Religion, Volume 8, Issue 1, February 2019, Pages 28–50.

155 Hafez, Farid (2018): Parlamentarische Debatten zum Islamgesetz in Österreich: Zwischen gesetzlicher Anerkennung und Islamophoben Populismus. In: Jahrbuch für Islamophobieforschung 2018, 7–36, 28.

156 APA (2014): Sanac will mehr Handhabe bei Moscheengründung, NÖN, 14.9.2014, https://www.noen.at/in-ausland/sanac-will-mehr-handhabe-bei-moscheengruendung-extremismus-islam-oesterreich-4620176 [zugegriffen am 05.10.2016].

157 Hafez, Farid (2017): Austrian Muslims Protest Against Austria's Revised »Islam Act«. In: Journal of Muslim Minority Affairs, 37:3, 267–283.

158 Stellungnahme der Islamischen Glaubensgemeinschaft zum Entwurf zum Islamgesetz (2014). 68/SN-69/ME XXV. GP, https://www.parlament.gv.at/PAKT/VHG/XXV/SNME/SNME_02076/fname_371638.pdf [zugegriffen am 05.10.2016].

159 Vgl. Hafez (2017): Austrian Muslims Protest.

160 Vgl. »Kinderleid im Islam: FPÖ Graz gegen falsche Toleranz.« In: Wir Grazer. Das Bürgermagazin, 6.

161 Zit. n. Hafez, Farid (2009): Zwischen Islamophobie und Islamophilie: Die FPÖ und der Islam. In: Bunzl, John/Hafez, Farid (Hg.): Islamophobie in Österreich. Innsbruck, Wien, Bozen: StudienVerlag, 106–126, 117.

162 Ebd., 119.

163 Ebd., 121.

164 Vgl. Hafez, Farid (2015): Das IslamG im Kontext islamophober Diskurse. Eine Policy Frame-Analyse zum Politikgestaltungsprozess des IslamG 2015. In: Juridikum, 2, 179–184.

165 Dautović, Rijad/Hafez, Farid (2015): MuslimInnen als BürgerInnen zweiter Klasse? In: Jahrbuch für Islamophobieforschung 2015, 26–54.

166 ORF (03.09.2013): Syrien-Flüchtlinge: Scharfe Rotkreuz-Kritik an ÖVP, http://orf.at/stories/2197139/ [zugegriffen am 05.10.2016].

167 Wie zum Beispiel von dem langjährigen Rotkreuz-Mitarbeiter Max Santner in einem Kommentar: Santner, Max (03.09.2013): Leiden Christen mehr unter Giftgas? Der Standard, http://derstandard.at/1376535399262/Leiden-Christen-mehr-unter-Giftgas [zugegriffen am 05.10.2016].

168 ORF (03.09.2013): Syrien-Flüchtlinge.

169 Unzensuriert.at (04.09.2013): Syrien-Flüchtlinge: ÖVP will Christen, SPÖ alle, FPÖ gar keine, http://www.unzensuriert.at/content/0013890-Syrien-Fl-chtlinge-VP-will-Christen-SP-alle-FP-gar-keine [zugegriffen am 05.10.2016].

170 Vgl. Zeit Online (05.06.2016): Österreichs Außenminister will Flüchtlinge

auf Inseln internieren, https://www.zeit.de/politik/ausland/2016-06/fluechtlinge-oesterreich-sebastian-kurz-mittelmeer [zugegriffen am 06.01.2019].

171 Vgl. Kampl, Michaela (20.08.2018): Irrfahrt der Flüchtlingsschiffe, Der Standard, www.derstandard.at/2000085639400/Kurz-will-Fluechtlingsschiffe-nicht-mehr-in-der-EU-anlegen-lassen [zugegriffen am 06.01.2019].

172 Zit. n. Köhler (2017): Feindbild statt Wähler.

173 Vgl. Lpitak, Adam (16.04.2018): Travel Ban Case Is Shadowed by One of Supreme Court's Darkest Moments. The New York Times, https://www.nytimes.com/2018/04/16/us/politics/travel-ban-japanese-internment-trump-supreme-court.html [zugegriffen am 06.01.2019].

174 Vgl. Diouf (1998): Servants of Allah.

175 Vgl. Akbar, Amna (2015): National Security's Broken Windows, UCLA Law Rev. 62: 834, http://www.uclalawreview.org/wp-content/uploads/2015/05/Akbar-final-article-5.29.15.pdf [zugegriffen am 06.01.2019], 840.

176 Vgl. ebd., 842.

177 Vgl. Kundnani, Arun/Hayes, Ben (2018): The globalisation of Countering Violent Extremism policies. Undermining human rights, instrumentalising civil society. Amsterdam: The Transnational Institute.

178 Ebd., 2 [Übersetzung FH].

179 Hill, Margari (24.02.2015): Lessons from Our Past: CVE, Black American Muslims, and Social Justice. Muslim Matters, https://muslimmatters.org/2015/02/24/lessons-from-our-past-cve-black-american-muslims-and-social-justice/ [zugegriffen am 06.01.2019].

180 Office of the Press Secretary (18.02.2015): Fact Sheet: The White House Summit on Countering violent Extremism. Obama White House, Press Release, https://obamawhitehouse.archives.gov/the-press-office/2015/02/18/fact-sheet-white-house-summit-countering-violent-extremism [zugegriffen am 06.01.2019].

181 CUNY School of Law: Mapping Muslims: NYPD Spying and Its Impact on American Muslims, https://www.law.cuny.edu/wp-content/uploads/page-assets/academics/clinics/immigration/clear/Mapping-Muslims.pdf [zugegriffen am 06.01.2019].

182 Vgl. Moynihan, Colin (05.04.2018): Last Suit Accusing N.Y.P.D. of Spying on Muslims Is Settled. The New York Times, https://www.nytimes.com/2018/04/05/nyregion/last-suit-accusing-nypd-of-spying-on-muslims-is-settled.html [zugegriffen am 06.01.2019].

183 Vgl. Asia-Pacific Journal Report (15.09.2016): Spying on Muslims in Tokyo and New York – »Necessary and Unavoidable«?. APJ 14:18, 2, https://apjjf.org/-Asia-Pacific-Journal-Report/4956/article.pdf [zugegriffen am 12.04.2019] und Attorney Team for Victims of Illegal Investigation against Muslims (2014): Extensive and Systematic Surveillance and Profiling of Mus-

lims: Japan's Violation of the International Convention on the Elimination of All Forms of Racial Discrimination, Shadow Report Muslim Surveillance, https://tbinternet.ohchr.org/Treaties/CERD/Shared%20Documents/JPN/INT_CERD_NGO_JPN_17783_E.pdf [zugegriffen am 12.04.2019].

184 Als Beispiel sei hier genannt: Cainkar, Louise A. (2009): Homeland Insecurity. The Arab American and Muslim American Experience After 9/11. New York: Russell Sage Foundation.

185 O'Connor, Alexander J. (2014): Under Surveillance and Overwrought: American Muslims' Emotional and Behavioral Responses to Government Surveillance. Journal of Muslim Mental Health, 8:1, https://quod.lib.umich.edu/cgi/p/pod/dod-idx/under-surveillance-and-overwrought-american-muslims.pdf?c=jmmh;idno=10381607.0008.106;format=pdf [zugegriffen am 12.04.2019].

186 Beydoun, Khaled A. (2016): America, Islam, and Constitutionalism: Muslim American Poverty and the Mounting Police State. In: Journal of Law and Religion, 31:3, 279–292.

187 Vgl. Thompson, Paula (29.10.2017): CVE by Any Other Name. IRD Project, https://irdproject.com/cve-name-arrests-made-protests-disrupt-cve-workshop-health-professionals-university-illinois-college-medicine/ [zugegriffen am 06.01.2019].

188 Generacija identitete Hrvaska (Video von Identitären Bewegung) (12.06.2016): Wahrheit: Identitäre klären auf: »Inklusionsbegleiter« an Universität Klagenfurt/Sturm ist eine Lüge. YouTube, https://www.youtube.com/watch?v=a4sqml60t3U [zugegriffen am 06.01.2019].

189 ORF 2 (22.11.2015): Orientierung, Interview.

190 Ebd.

191 [Unter anderem zu einer Veranstaltung des Stadtschulrates Wien mit dem Titel »Dschihadistische Gefährdung: Radikalisierende Religiösität und Betätigung] Netzwerk Muslimische Zivilgesellschaft (11.03.2015): Informationsnachmittag Dschihadistische Gefährdung, http://dieanderen.net/informationsnachmittag-dschihadistische-gefaehrdung/ [zugegriffen am 28.01.2016].

192 Netzwerk Muslimische Zivilgesellschaft (o.J.): Schulen in Wien. Deradikalisierung oder Denunzierung? Wien: Netzwerk Muslimische Zivilgesellschaft.

193 Vgl. Hafez (2019): Muslim Civil Society under Attack.

194 Vgl. Hafez, Farid (2018): Alte neue Islampolitik in Österreich? Eine postkoloniale Analyse der österreichischen Islampolitik. In: Zeitschrift für Politik, 65:1, 22–44; Bayrakli, Enes/Hafez, Farid/Faytre, Léonard (2018): Engineering a European Islam: An Analysis of Attempts to Domesticate European Muslims in Austria, France, and Germany. In: Insight Turkey, 20:3, 131–156.

195 Vgl. Hafez, Farid (2014): Disciplining the ›Muslim Subject‹. The Role of

Security Agencies in Establishing Islamic Theology within the State's Academia. In: Islamophobia Studies Journal, 2:2, 43–57.

196 Vgl. Bouattia, Malia (21.08.2017): The power of networks: Resistance to international Islamophobia must also be global. The New Arab, https://www.alaraby.co.uk/english/comment/2017/8/22/international-islamophobia-calls-for-a-global-grassroots-resistance [zugegriffen am 06.01.2019].

197 Vgl. 1 million Uighurs in Chinese ›internment camps‹, UN hears, DW, 10.08.2018, https://www.dw.com/en/1-million-uighurs-in-chinese-internment-camps-un-hears/a-45042596 [zugegriffen am 06.01.2019].

198 Vgl. Buckley, Chris (16.11.2018): China Breaks Silence on Muslim Detention Camps, Calling Them ›Humane‹. The New York Times, https://www.nytimes.com/2018/10/16/world/asia/china-muslim-camps-xinjiang-uighurs.html [zugegriffen am 06.01.2019].

199 Ebd.

200 Vgl. Buckley, Chris/Ramzy, Austin (16.12.2018): China's Detention Camps for Muslims Turn to Forced Labor. The New York Times, https://www.nytimes.com/2018/12/16/world/asia/xinjiang-china-forced-labor-camps-uighurs.html [zugegriffen am 06.01.2019].

201 Vgl. Buckley, Chris (08.09.2018): China Is Detaining Muslims in Vast Numbers. The Goal: ›Transformation‹. The New York Times, https://www.nytimes.com/2018/09/08/world/asia/china-uighur-muslim-detention-camp.html [zugegriffen am 06.01.2019].

202 Ebd.

203 Kundnani, Arun (2014): The Muslims are coming! Islamophobia, Extremism, and the Domestic War on Terror. New York: Verso.

204 Mamdani, Mahmood (2005): Good Muslim, Bad Muslim. America, the Cold War, and the Roots of Terror. New York: Doubleday.

205 Kumar (2012): Islamophobia and the Politics of Empire.

206 Vgl. Fahmy, Shahira (2004): Picturing Afghan Women: A Content Analysis of AP Wire Photographs During the Taliban Regime and after the Fall of the Taliban Regime. In: The International Communication Gazette, 66:2, 91–112.

207 Vgl. Louw, P. Eric (2003): The ›War Against Terrorism‹: A Public Relations Challenge for the Pentagon. In: The International Communication Gazette, 65:3, 211–230.

208 Vgl. ebd., 219.

209 Vgl. ebd., 227 ff.

210 Info-direkt: Indien beginnt mit Abschiebung von Muslimen, 29.11.2016, https://www.info-direkt.eu/2016/11/29/indien-beginnt-mit-abschiebung-von-muslimen/ [zugegriffen am 06.01.2019].

211 Zit. n. Murphy, Katharine (15.08.2018): Australian party leader hails speech

calling for ›final solution‹ on Muslim migration. The Guardian, https://www.theguardian.com/australia-news/2018/aug/15/australian-party-leader-hails-speech-calling-for-final-solution-on-muslim-migration?CMP=share_btn_tw [zugegriffen am 06.01.2019].

212 Bangstad, Sindre (2014): Anders Breivik and the Rise of Islamophobia. London: Zed Books.

213 Vgl. Bin Mohamed Osman, Mohamed Nawab (2017): Understanding Islamophobia in Asia: The Cases of Myanmar and Malaysia. In: Islamophobia Studies Journal, 4:1, 17–36.

214 Vgl. Shani, Ornit (2010): Conceptions of Citizenship in India and the ›Muslim Question‹. In: Modern Asian Studies, 44:1, 145–173.

215 Khalid, Saif (31.05.2018): As Assam counts its citizens, Muslims fear they may be left out. Al Jazeera, https://www.aljazeera.com/indepth/features/assam-counts-citizens-muslims-fear-left-180530080633948.html [zugegriffen am 06.01.2019].

216 United Nations, International Residual Mechanism for Criminal Tribunals: The Conflicts, http://www.icty.org/sid/322 [zugegriffen am 06.01.2019].

217 United Nations, Meeting Coverage and Press Releases (10.07.2000): Srebrenica tragedy will forever haunt United Nations history, says secretary-general on fifth anniversary of city's fall, https://www.un.org/press/en/2000/20000710.sgsm7489.doc.html [zugegriffen am 06.01.2019] [Übersetzer: FH].

218 Pantović, Milan (1995), zit. n. Cigar, Norman (2003): The Nationalist Serbian Intellectuals and Islam: Defining and Eliminating a Muslim Community. In: Qureshi, Emran/Sells, Michael A. (Hg.): The New Crusades: Constructing the Muslim Enemy. New York: Columbia University Press, 314–351, 333.

219 Gadzo, Mersiha (12.07.2018): 11 Lessons about Srebrenica genocide ›unwelcome‹ in Brussels. Al Jazeera, https://www.aljazeera.com/news/europe/2018/07/11-lessons-srebrenica-genocide-unwelcome-brussels-180711151335396.html [zugegriffen am 06.01.2019].

220 ORF (20.08.2018): Petritsch: Entscheidung zu Srebrenica »moralischer Bankrott«, https://orf.at/stories/2451678/ [zugegriffen am 06.01.2019].

221 N1 Sarajevo (20.08.2018): Ivanic, Covic against Izetbegovic's letter to Annan family, http://ba.n1info.com/a280163/English/NEWS/Ivanic-Covic-against-Izetbegovic-s-letter-to-Annan-family.html [zugegriffen am 06.01.2019].

222 Vgl. Köhler, Fabian (23.07.2015): Die 11 größten medialen Breivik-Verharmloser. Schantall und Scharia, http://www.schantall-und-scharia.de/die-11-groessten-medialen-breivik-verharmloser/ [zugegriffen am 06.01.2019].

223 Broder, Henryk M. (25.07.2011): Das Manifest des Anders Behring Breivik und ich. Welt, https://www.welt.de/debatte/kommentare/article13506649/

Das-Manifest-des-Anders-Behring-Breivik-und-ich.html [zugegriffen am 06.01.2019].

224 Vgl. Briskman, Linda/Latham, Susie (2017): Refugees, Islamophobia, and Ayaan Hirsi Ali Challenging Social Work Co-Option. Affilia: Journal of Women and Social Work, 32: 1, 108–111, Für weitere Informationen siehe auch: CAIR (05.10.2017): Ayaan Hirsi Ali. U.S. Islamophobia Network, http://www.islamophobia.org/islamophobic-individuals/140-ayaan-hirsi-ali-founder-of-the-aha-foundation.html [zugegriffen am 06.01.2019].

225 Axel Springer SE: Verleihung des Axel-Springer-Ehrenpreises 2012, https://www.youtube.com/watch?v=Liz6O5qPphg [zugegriffen am 06.01.2019].

226 Zit. n. Hafez (2009): Zwischen Islamophobie und Islamophilie, 106 f.

227 Zit. n. Hafez, Farid (2011): Von der »Verjudung« zur »Islamistenpartei«. Neue islamophobe Diskursstrategien der FPÖ im Rahmen des Wiener Wahlkampfs. In: Jahrbuch für Islamophobieforschung 2011, 83–99, 86.

228 Ebd.

229 Stoppt die Rechten: Original oder Kopie: FPÖ oder NPD?, 30.05.2010, https://www.stopptdierechten.at/2010/05/30/original-oder-kopie-fpo-oder-npd/ [zugegriffen am 28.01.2016].

230 Bayerisches Landesamt für Verfassungsschutz, Anti-Islam, o.D., http://www.verfassungsschutz.bayern.de/rechtsextremismus/definition/aktionsfelder/antiislam/index.html [zugegriffen am 28.01.2016].

231 Landtagswahl 2011: Das Tauschgeschäft. Zur Aussagekraft von Wahlplakaten, o.D., http://www.pressenet.info/pr-2011/wahlen-2011.html [zugegriffen am 28.01.2016].

232 Aslan, Ednan (2015): Projektbericht »Evaluierung islamischer Kindergärten/-gruppen in Wien«. Universität Wien, Institut für Islamische Studien. 28.01.2016, http://images.derstandard.at/2015/12/10/ProjektberichtIslamischeKindergaertenErgebnissefinal-2.pdf [zugegriffen am 12.12.2016].

233 Vgl. Wieselberg, Lukas (2016): Kritik an Studie zu islamischen Kindergärten. orf.at, 23.03.2016, http://sciencev2.orf.at/stories/1768688 [zugegriffen am 12.12.2016].

234 Der Standard (11.12.2015): Betreiber muslimischer Kindergärten wehren sich, http://derstandard.at/2000027339190/Betreiber-von-islamischen-Kindergaerten-wehren-sich [zugegriffen am 28.01.2016].

235 APA (2017): Kurz will Aus für islamische Kindergärten über neue Qualitätskriterien, Der Standard, 25.06.2017, http://mobil.derstandard.at/2000059764200/Kurz-will-Aus-fuer-islamische-Kindergaerten-ueber-neue-Qualitaetskriterien?ref=artwh [zugegriffen am 30.12.2017].

236 Aslan, Ednan (02.2016): Projektbericht Evaluierung ausgewählter Islamischer Kindergärten und -gruppen in Wien. Tendenzen und Empfehlungen. Universität Wien, 7.

237 Interview des Autors mit einer Kindergartenpädagogin (anonymisiert), 22.12.2015.

238 Schmitt, Richard (14.10.2015): Wien: Total verschleiert beim Kindergartenausflug. Kronen Zeitung, http://www.krone.at/476944 [zugegriffen am 28.01.2016].

239 Ebd.

240 Galley, Josef (24.11.2015): Wiener Kindergarten ruft zu Jihad auf. Österreich, www.österreich.at/chronik/Wiener-Kindergarten-ruft-zu-Jihad-auf/213397085 [zugegriffen am 28.01.2016].

241 Ichner, Bernhard (27.11.2015): Nichts Verdächtiges bei Kindergarten-Kontrolle. Kurier, http://kurier.at/chronik/wien/nichts-verdaechtiges-bei-kindergarten-kontrolle/166.367.401 [zugegriffen am 28.01.2016].

242 Großrazzia in Wiens Islam-Kindergärten, Kronen Zeitung, 22.12.2015, http://www.krone.at/Oesterreich/Grossrazzia_in_Wiens_Islam-Kindergaerten-5_Mio._Euro_veruntreut-Story-488158 [zugegriffen am 28.01.2016].

243 Ichner, Bernhard (25.11.2015): Kindergarten-Chef wehrt sich gegen Dschihad-Vorwurf. Kurier, http://kurier.at/chronik/wien/kindergarten-chef-wehrt-sich-gegen-dschihad-vorwurf/166.191.819 [zugegriffen am 28.01.2016].

244 Ebd.

245 Vgl. Kurier (23.11.2016): Abdullah P.: Freispruch von Mietbetrügereien, https://kurier.at/chronik/wien/abdullah-p-freispruch-von-mietbetruegereien/232.236.945 [zugegriffen am 06.01.2019].

246 Kurier (31.01.2016): Kindergärten im Visier der Behörde. Kurier, https://kurier.at/chronik/wien/kindergaerten-im-visier-der-behoerde/178.100.650 [zugegriffen am 12.12.2016].

247 oe24 (30.03.2015): Jihad: Zwölf Islam-Schulen unter Verdacht. Österreich, http://www.österreich.at/politik/Jihad-Zwoelf-Islam-Schulen-unter-Verdacht/229844935 [zugegriffen am 12.12.2016].

248 Brandstätter, Hellmut (15.07.2016): Nicht nur Hassprediger sind gefährlich. Kurier, http://kurier.at/meinung/leitartikel-nicht-nur-hassprediger-sind-gefaehrlich/209.872.672 [zugegriffen am 21.12.2016].

249 Aslan: Projektbericht Evaluierung.

250 ORF (09.12.2015): Interview von Armin Wolf mit Außenminister Sebastian Kurz. ZIB 2.

251 Ebd.

252 Hajek, Peter/Stark, Jennifer (2017): Integrationsbarometer 2/2017. Integrationsbefragung. Wien: Österreichischer Integrationsfonds, 19, 24, 25, 26, 29.

253 Wilflingseder, Karin (16.07.2017): Geohrfeigt und mit Bierdosen beworfen: Muslimische Kinder im Visier. Linkswende. linkswende.org, http://linkswende.org/geohrfeigt-und-mit-bierdosen-beworfen-muslimische-kinder-im-visier/ [zugegriffen am 29.12.2017].

254 Kronen Zeitung (30.04.2017): Es ging auch um Inhalte: Von Kopftuch bis Mindestsicherung, S. 32.

255 ORF (21.06.2017): Kurz würde gerne Islam-Kindergärten schließen lassen, http://orf.at/stories/2396383/ [zugegriffen am 30.12.2017].

256 Bachner, Michael (21.06.2017): Kurz im KURIER-Gespräch: »Islamische Kindergärten abschaffen«, https://kurier.at/politik/inland/sebastian-kurz-im-kurier-gespraech-islamische-kindergaerten-abschaffen/271.008.503 [zugegriffen am 30.12.2017].

257 ORF (22.06.2017): Islam-Kindergärten: »Keine Probleme erfinden«, http://wien.orf.at/news/stories/2850537/ [zugegriffen am 30.12.2017].

258 Böhmer, Christian (15.07.2017): »Lebenszweck der islamischen Kindergärten ist Abschottung«. Kurier, https://kurier.at/politik/inland/lebenszweck-der-islamischen-kindergaerten-ist-abschottung/275.305.742 [zugegriffen am 30.12.2017].

259 ORF (26.06.2017): Kern: Islam-Kindergärten sollen kein Wahlkampfthema sein, http://orf.at/stories/2396972/ [zugegriffen am 30.12.2017].

260 APA (2017): Kurz will Aus für islamische Kindergärten APA.

261 Vgl. ORF (22.06.2017): Islam-Kindergärten: »Keine Probleme erfinden«.

262 Vgl. APA (29.06.2017): Religionsleitfaden für Privatkindergärten kommt im Herbst. Der Standard, http://mobil.derstandard.at/2000060530879/Religionsleitfaden-fuer-Privatkindergaerten-kommt-im-Herbst [zugegriffen am 10.12.2017].

263 Klenk, Florian (04.07.2017): Frisiersalon Kurz. Falter, https://cms.falter.at/falter/2017/07/04/frisiersalon-kurz/ [zugegriffen am 30.12.2017].

264 Ebd.

265 Ichner, Bernhard (10.10.2017): Neue Aufregung um Aslans Kindergarten-Studie. Kurier, https://kurier.at/chronik/wien/neue-aufregung-um-aslans-kindergarten-studie/291.263.732 [zugegriffen am 30.12.2017].

266 Ebd.

267 ORF (07.08.2017): Aslan-Studie: Magistrat prüft rechtliche Schritte, http://wien.orf.at/m/news/stories/2859211/ [zugegriffen am 30.12.2017].

268 Vgl. Kurier (20.04.2018): Klage der Stadt Wien gegen Aslan endete mit Vergleich, https://kurier.at/chronik/wien/klage-der-stadt-wien-gegen-islamforscher-aslan-endete-mit-vergleich/400024648, [zugegriffen am 06.01.2017].

269 APA (05.07.2017): Studie umgeschrieben? Islam-Theologe verteidigt Aslan. Die Presse, http://diepresse.com/home/panorama/wien/5246691/Studie-umgeschrieben-IslamTheologe-verteidigt-Aslan [zugegriffen am 30.12.2017].

270 Helmberger, Doris/Tauss, Martin (12.07.2017): Dramatisierung oder Beschönigung. Die Furche, http://www.furche.at/system/showthread.php?t=72872 [zugegriffen am 30.12.2017].

271 Ebd.
272 Ebd.
273 Brandstätter, Helmut (05.07.2017): Vertrauen – sehr schnell verspielt. Kurier, https://kurier.at/meinung/kommentare/innenpolitik/vertrauen-sehr-schnell-verspielt/273.431.539 [zugegriffen am 03.12.2017].
274 Kleine Zeitung (05.07.2017): Uni Wien will Kindergarten-Studie nun prüfen, Kleine Zeitung, http://www.kleinezeitung.at/politik/innenpolitik/5246491/Islamkindergaerten-in-Wien_Uni-Wien-will-KindergartenStudie-nun [zugegriffen am 30.12.2017].
275 ORF (05.07.2017): IGGÖ: Muslime nicht Spielball der Politik, http://religion.orf.at/stories/2853045/ [zugegriffen am 30.12.2017].
276 ORF (04.07.2017): Studienautor weist Vorwürfe zurück, http://orf.at/stories/2397991/2397999/ [zugegriffen am 30.12.2017].
277 Kleine Zeitung (05.07.2017): Kern stellt sich hinter Kurz, Häupl fragt sich, was er wusste, http://www.kleinezeitung.at/politik/innenpolitik/5246956/IslamKindergaerten_Kern-stellt-sich-hinter-Kurz-Haeupl-fragt-sich [zugegriffen am 30.12.2017].
278 Heute (05.07.2017): Kindergarten-Studie: Häupl nimmt sich Kurz zur Brust: »Studie gefälscht«, http://m.heute.at/politik/news/story/42537303 [zugegriffen am 30.12.2017].
279 Kaltenbrunner, Stefan (04.07.2017): Schwere Vorwürfe gegen Studienautor Aslan. Kurier, https://kurier.at/politik/inland/studie-zu-islam-kindergaerten-schwere-vorwuerfe-gegen-studienautor-aslan/273.321.865 [zugegriffen am 30.12.2017].
280 Ali, Rami (09.12.2017): Wie Ednan Aslan Kritiker_Innen der Kindergartenstudie zum Schweigen bringt. Mosaik, http://mosaik-blog.at/ednan-aslan-kindergartenstudie-islamkindergaerten-studie-kritik/ [zugegriffen am 30.12.2017].
281 Gigler, Claudia (05.07.2017): Warum Kurz-Leak den jungen Integrationsminister ziemlich alt aussehen lässt. Kleine Zeitung, http://www.kleinezeitung.at/politik/innenpolitik/5246711/Analyse_Warum-KurzLeak-den-jungen-Integrationsminister-ziemlich [zugegriffen am 30.12.2017].
282 Universität Wien (04.07.2017): Studie zu Kindergärten: Klärung durch wissenschaftliche Prüfung, https://www.univie.ac.at/ueber-uns/weitere-informationen/04072017/ [zugegriffen am 30.12.2017].
283 News ORF (80.11.2017): Kommission präsentiert Ergebnis https://orf.at/v2/stories/2413987/2413985/ [zugegriffen am 30.12.2018].
284 Ebd.
285 Universität Wien (08.11.2017): Offizieller Twitter-Account, https://twitter.com/univienna/status/928220615978422272 [zugegriffen am 30.12.2017].

286 ORF Wien (23.11.2017): Aslan-Studie: Stellungnahme nicht veröffentlicht, https://wien.orf.at/news/stories/2880099/ [zugegriffen am 23.12.2017].
287 Universität Wien (20.12.2017): Studie »Wiener Kindergärten und Kindergruppen mit besonderen Bezügen zum Islam«, APA OTS, https://www.ots.at/presseaussendung/OTS_20171220_OTS0073/studie-wiener-kindergaerten-und-kindergruppen-mit-besonderen-bezuegen-zum-islam [zugegriffen am 29.12.2017].
288 Zum Beispiel Dedagic, Maida (22.12.2017): Islam-Kindergärten: Kanzler setzt Wien unter Druck. Kronen Zeitung, http://www.krone.at/1598733 [zugegriffen am 29.12.2017].
289 Universität Wien (2017): Pluralität in Wiener Kindergärten und Kindergruppen unter besonderer Berücksichtigung sogenannter »islamischer« Einrichtungen, Medienportal Universität Wien, 12/2017, http://medienportal.univie.ac.at/uploads/media/Abschlussbericht-PLUKI-Wien-Islam-Qualitaet-Final2.pdf [zugegriffen am 29.12.2017].
290 Temel, Peter (21.12.2017): Experten: Islam-Kindergärten fördern nicht Parallelgesellschaften. Kurier, https://kurier.at/politik/inland/hauptstudie-zu-islam-kindergaerten-parallelgesellschaften-werden-nicht-gefoerdert/303.119.739 [zugegriffen am 29.12.2017].
291 Sarrazin, Thilo (2010): Deutschland schafft sich ab. Wie wir unser Land aufs Spiel setzen. München: Deutsche Verlags-Anstalt.
292 Bild-Zeitung (23.08.2010), 1. Zit. n. Die Linke (2010): Linke Argumente gegen Rechte Hetze. 05.10.2010, https://www.dielinke-westsachsen.de/politik/detail/article/linke-argumente-gegen-rechte-hetze/ [zugegriffen am 06.01.2017].
293 Foroutan, Naika (Hg.) (2011): Sarrazins Thesen auf dem Prüfstand Ein empirischer Gegenentwurf zu Thilo Sarrazins Thesen zu Muslimen in Deutschland, 1:2. Berlin: Humboldt-Universität, https://www.projekte.hu-berlin.de/de/heymat/sarrazin2010 [zugegriffen am 06.01.2017].
294 Sarrazin, Thilo (2018): Feindliche Übernahme. Wie der Islam den Fortschritt behindert und die Gesellschaft bedroht. München: FinanzBuch.
295 Sarrazin (2010): Deutschland schafft sich ab, 267.
296 Gerrens, Uwe (2012): Eugenik und Islamfeindschaft. Ein Versuch, Thilo Sarrazin zu deuten. In: Jahrbuch für Islamophobieforschung 2012, 78–98, 80.
297 Ebd.
298 Broder, Henrik M (27.12.2010): Interview mit Thilo Sarrazin: »Es war ein langer und lauter Furz«. taz, http://www.taz.de/!352432/ [zugegriffen am 02.05.2011].
299 Vgl. Priester, Karin (2003): Rassismus. Eine Sozialgeschichte. Leipzig: Reclam.
300 Gerrens (2012): Eugenik und Islamfeindschaft, 81.

301 Ebd., 82–85.
302 Ebd.
303 Ebd., 82.
304 Ebd., 82.
305 Zit. n. ebd., 83.
306 Zit. n. ebd.
307 Ebd., 84.
308 Ebd., 86 f.
309 Zit. n. ebd., 86.
310 Ebd., 86.
311 Ebd., 87.
312 Forschungsgruppen Wahlen E.V. (10.09.2010): Politbarometer September I 2010, www.forschungsgruppe.de/Umfragen/Politbarometer/Archiv/Politbarometer_2010/September_I/ [zugegriffen am 30.12.2010].
313 Zekri, Sonja (2018): Deutschland braucht dieses Werk so dringend wie einen Ebola-Ausbruch, 30.8.2018, https://www.sueddeutsche.de/kultur/neues-sarrazin-buch-deutschland-braucht-dieses-buch-so-dringend-wie-einen-ebola-ausbruch-1.4109017 [zugegriffen am 06.01.2019].
314 Schulte, Ulrich (2018): Braucht kein Mensch. taz, 30.8.2018, http://www.taz.de/Kommentar-Thilo-Sarrazins-neues-Buch/!5532406/ [zugegriffen am 06.01.2019].
315 Sarrazin (2018): Feindliche Übernahme, 23.
316 Ebd., 64.
317 Der Spiegel (05.06.2007): »Wirbelsturm der Erregungen«. Der Spiegel, http://www.spiegel.de/kultur/gesellschaft/heute-in-den-feuilletons-wirbelsturm-der-erregungen-a-486697.html [zugegriffen am 30.12.2018].
318 Sarrazin (2018): Feindliche Übernahme, 213–232.
319 Ebd., 351–368.
320 Gabriel, Sigmar (2010): Welch hoffnungsloses Menschenbild!, Zeit Online, 16.09.2010, https://www.zeit.de/2010/38/SPD-Sigmar-Gabriel/komplettansicht [zugegriffen am 30.12.2018].
321 Redaktion, CDU-Abgeordnete will keine Muslime in der Partei. Der Spiegel, 07.09.2018, http://www.spiegel.de/politik/deutschland/veronika-bellmann-cdu-abgeordnete-will-keine-muslime-in-der-partei-a-1227071.html [zugegriffen am 30.12.2018].
322 Ebd.
323 Benz, Wolfgang (17.03.2014): Quellentext: Islamfeindlichkeit und Antisemitismus ähneln einander. Bundeszentrale für politische Bildung, www.bpb.de/politik/extremismus/rechtsextremismus/180775/quellentext-islamfeind lichkeit-und-antisemitismus-aehneln-einander [zugegriffen am 30.12.2018].

324 Casanova, José (2009): Europas Angst vor der Religion. Berlin: Berlin University Press.
325 Schiffer, Sabine/Wagner, Constantin (2009): Antisemitismus und Islamophobie. Ein Vergleich. Wassertrüdigen: HwK, 69, 71, 160.
326 Ebd., 11.
327 Ebd., 29.
328 Ebd., 29.
329 Ebd., 73.
330 Ebd., 170.
331 Ebd., 167.
332 Ebd., 141 f.
333 Ebd., 90.
334 Ebd., 71 f.
335 Ebd., 119 f., 140.
336 Ebd., 123 f.
337 Ebd., 144 f.
338 Ebd., 79.
339 Ebd., 67.
340 Ebd., 114.
341 Ebd., 146.
342 Ebd., 173.
343 Ebd., 179–183.
344 Ebd., 190.
345 Ebd., 84.
346 Ebd., 211.
347 Ebd., 149 f.
348 Ebd., 186.
349 Ebd., 166.
350 Ebd., 166.
351 Hamann, Brigitte (2001): Hitlers Wien. Lehrjahre eines Diktators. München, Zürich: Piper, 404.
352 Zit. n. Hafez, Farid (2017): Wenn Antisemitismus und Islamophobie Hand in Hand gehen, DW Qantara.de, 28.08.2017, https://de.qantara.de/inhalt/anti-soros-kampagnen-in-europa-und-in-den-usa-wenn-antisemitismus-und-islamophobie-hand-in [zugegriffen am 17.04.2019].
353 Ebd.
354 Ebd.
355 Ebd.
356 Ebd.
357 Unzensuriert.at (30.12.2017): Hinter Boykott-Aufruf gegen FPÖ-Minister stecken George-Soros-Stiftung und Islam-Lobby, https://www.unzensu-

riert.at/content/0025885-Hinter-Boykott-Aufruf-gegen-FPOe-Minister-stecken-George-Soros-Stiftung-und-Islam [zugegriffen am 31.12.2017].

358 Kübel, Jana (2012): Neue alte Feinde. »Manchmal fühle ich mich wie ein Jude!«. In: Jahrbuch für Islamophobieforschung 2012, 34–56. Siehe hierzu auch Hafez, Farid (2012): Antisemitismus und Islamophobie. Ein Nachwort mit Anmerkungen. In: Jahrbuch für Islamophobieforschung 2012, 215–222.

359 Hafez, Farid (2019): From »Jewification« to »Islamization«: Political Anti-Semitism and Islamophobia in Austrian Politics Then and Now. In: ReOrient (erscheint in Kürze).

360 Hafez (2011): Von der »Verjudung« zur »Islamistenpartei«.

361 Hafez, Farid (2011): «Von der »Verjudung« zur »Islamistenpartei«. Neue islamophobe Diskursstrategien der FPÖ im Rahmen des Wiener Wahlkampfs« Jahrbuch für Islamophobieforschung (Bozen/Innsbruck/Vienna, Studienverlag 2011): 83-98, 87.

362 Vgl. Bangstad, Sindre/Bunzl, Matti (2010): ›Anthropologists Are Talking‹ About Islamophobia and Anti-Semitism in the New Europe. In: Ethnos, 75:2, 213–228, 218 f.

363 Schwarz-Friesel, Monika/Friesel, Evyatar (2012): »Gestern die Juden, heute die Muslime …«? Von den Gefahren falscher Analogien. In: Botsch, Gideon/Glöckner, Olaf/Kopke, Christoph/Spieker, Michael (2012): Islamophobie und Antisemitismus – ein umstrittener Vergleich. Berlin, Boston: De Gruyter, 29–50.

364 Wenn Rommelspacher von der ›Dominanzgesellschaft‹ spricht, meint sie eine Gruppe von Menschen, die über Macht verfügt. Vgl. auch die Festschrift für Rommelspacher, in der sich verschiedene AutorInnen mit ihrem Konzept von Dominanzgesellschaft auseinandersetzen: Attia, Iman/Köbsell, Swantje/Prasad, Nivedita (Hg.) (2015): Dominanzkultur reloaded. Neue Texte zu gesellschaftlichen Machtverhältnissen und ihren Wechselwirkungen. Bielefeld: Transcript.

365 Ebd., 41.

366 Gardell, Mattias (2014): Crusader Dreams: Oslo 22/7, Islamophobia, and the Quest for a Monocultural Europe. In: Terrorism and Political Violence, 26:1, 129–155 [Übersetzer: FH].

367 Raddatz (2011), zit. nach: Bahners, Patrick (2011): Die Panikmacher. Die deutsche Angst vor dem Islam. Eine Streitschrift. München: C.H. Beck, 78.

368 RFJ (2006). Salzburger Deklaration: Europa und der Islam. Dokument erstellt vom Ring Freiheitlicher Jugend (RFJ), in Salzburg, am 10.12.2006, http://www.rfj-sbg.at/pages/SbgDeklaration.html [zugegriffen 08.08.2012].

369 Ye'or, Bat (2005): Eurabia. The Euro-Arab Axis. Madison: Fairleigh Dickinson University Press.

370 Ihre Theorien werden in den Kreisen des Counter Jihad Movement aner-

kannt. Breivik bezog sich in seinem Manifest auch immer wieder auf das Konzept Eurabien.

371 Vgl. Hafez (2013): Islamophobe Weltverschwörungstheorien.

372 Die Protokolle sind ein erfundenes ›Dokument‹, das von AntisemitInnen als Beweis für eine Verschwörung der Jüdinnen und Juden gegen die restliche Welt herangezogen wird.

373 Vgl. Hafez (2013): Islamophobe Weltverschwörungstheorien.

374 Geert Wilders warnt vor »Islamisierung Europas«. In: Hamburger Abendblatt, 07.02. 2011, https://www.abendblatt.de/politik/ausland/article107950496/Geert-Wilders-warnt-vor-Islamisierung-Europas.html [zugegriffen 08.06.2018].

375 Gardell (2014): Crusader Dreams, 133.

376 Benz (2011): Antisemitismus und »Islamkritik«, 183.

377 Ebd.

378 Einige WissenschaftlerInnen haben behauptet, dass MuslimInnen ihren religiösen Status freiwillig ändern können. Siehe: Pfahl-Traughber (2011): Feindschaft gegenüber den Muslimen? Andere, beispielsweise Tariq Modood, haben herausgestellt, dass diese Annahme ignoriert, dass »Menschen keine Wahl haben bzgl. der Bedingungen von Diskriminierung, in die sie hineingeboren werden«, zit. n. Meer, Nasar (2013): Semantics, scales and solidarities in the study of antisemitism and Islamophobia. In: Ethnic and Racial Studies, 36:3, 500–515, 511. Hier ließe sich hinzufügen, dass ein islamophober Diskurs auch Menschen betrifft, die sich bewusst davon distanzieren, muslimisch zu sein. Weil sie befürchten, zur Stärkung islamophober Gedanken genutzt werden zu können, haben sie sich dagegen entschieden, weiterhin muslimisch zu sein. Selbst wenn sie es nicht wollen, werden islamophobe Menschen sie als lebenden Beweis dafür betrachten, dass der Islam böse bzw. rückständig ist. Denn warum würde jemand etwas Gutes freiwillig aufgeben?

379 Bunzl (2005): Between anti-Semitism and Islamophobia, 537.

380 Klug, Brian (2004): The collective Jew: Israel and the new anti-Semitism. In: Braun, Christina von/Ziege, Eva-Maria (Hg.) (Jahr): »Das ›bewegliche‹ Vorurteil«. Aspekte des internationalen Antisemitismus. Würzburg: Königshausen & Neumann, 221–240, 226 [Hervorhebung im Original, Übersetzung: FH].

381 Ebd., 227.

382 Undercover in Straches Hass-Schule: NEWS-Reporterin Dolna in der FPÖ-Parteiakademie. In: NEWS 48/09 (25.11.2009), https://www.news.at/a/undercover-straches-hass-schule-news-reporterin-dolna-fpoe-parteiakademie-256322 [zugegriffen 08.06.2018].

383 Vgl. Gardell (2014): Crusader Dreams, 133.

384 Erb, Rainer/Bergmann, Werner (1989): Die Nachtseite der Judenemanzi-

pation. Der Widerstand gegen die Integration der Juden in Deutschland 1780–1860. Berlin: Metropol, 196.

385 Hitler, Adolf (1938): Mein Kampf. München: Zentralverlag der NSDAP, 334.

386 Zit. n. Kershaw, Ian (2000): Hitler. 1936–1945. Stuttgart, München: Deutsche Verlags-Anstalt, 621.

387 Zit. n. unzensuriert.at (2016), »Ein bisschen Luft unter den Schleier …«: Böse Grünen-Attacke auf vollverschleierte Frau aus der Schweiz, 27.10.2016, https://www.unzensuriert.at/content/0022150-Ein-bisschen-Luft-unter-den-Schleier-Boese-Gruenen-Attacke-auf-vollverschleierte [zugegriffen am 30.12.2018].

388 Vgl. Strache: EU-Gipfel schummelt sich an den wesentlichen Fragen der Zeit vorbei! Erweiterungsphantasien der Eurokraten gehen munter weiter – Schüssel und Plassnik spielen in diesem Konzert ohne Hemmungen mit! Online Pressearchiv der FPÖ, 14.12.2006, https://www.ots.at/presseaussendung/OTS_20061214_OTS0158/strache-eu-gipfel-schummelt-sich-an-den-wesentlichen-fragen-der-zeit-vorbei [zugegriffen am 30.12.2007].

389 Vgl. Mölzer: Ankara keine Fristen setzen, sondern Verhandlungen sofort abbrechen! Türkei führt mit ihrer Weigerung, Vorgaben aus Brüssel zu erfüllen, die EU wie einen Tanzbären vor. Online Pressearchiv der FPÖ, 20.11.2006 http://www.fpoe.at/index.php?id=477&backPID=616&pS=1164927599&tt_news=11366# [zugegriffen am 30.12.2007].

390 Vgl. Pándi, Claus (2010): 100 Stunden – Pándi begleitet Strache durch Israel. Die Neue Krone, 22.12.2010, www.krone.at/Videos/Pandi/Teil_1_100_Stunden_-_Pandi_begleitet_Strache_durch_Israel-Aufreger-Doku-Video-236754 [zugegriffen am 30.03.2011].

391 Österreich zuerst: Parteiprogramm der Freiheitlichen Partei Österreichs (FPÖ). Beschlossen vom Bundesparteitag der Freiheitlichen Partei Österreichs am 18. Juni 2011 in Graz, 5.

392 Parteiprogramm der FPÖ 1997 mit den 2005 beschlossenen Änderungen, 7.

393 Kickl: Susanne Winter hat bis 19 Uhr Zeit, aus der FPÖ auszutreten und Mandat zurückzulegen, 02.11.2015, https://www.ots.at/presseaussendung/OTS_20151102_OTS0152/kickl-susanne-winter-hat-bis-19-uhr-zeit-aus-der-fpoe-auszutreten-und-mandat-zurueckzulegen [zugegriffen am 30.12.2018].

394 Vgl. Iyengar, Rishi (2015): French Far-Right Politician Will Go on Trial for Comparing Muslims to Nazis. Time Magazine, 23.09.2015, http://time.com/4045803/marine-le-pen-muslims-nazis-trial/ [zugegriffen am 30.12.2018].

395 Vgl. Mölzer, Andreas (2013): FPÖ-Mölzer: Das Problem der Rückkehr von Syrien-Kämpfern nach Europa ist hausgemacht, 07.06.2013, https://www.

ots.at/presseaussendung/OTS_20130607_OTS0034/fpoe-moelzer-das-problem-der-rueckkehr-von-syrien-kaempfern-nach-europa-ist-hausgemacht [zugegriffen am 30.12.2018].

396 NFZ (2017): Die schleichende Islamisierung Österreichs, 18.07.2017, https://www.fpoe.at/artikel/die-schleichende-islamisierung-oesterreichs/ [zugegriffen am 30.12.2018].

397 Nachgehakt (08.04.2015): Oskar Deutsch: Es ist kein Affront, wenn Strache zu Israel steht. nachgehakt.at, https://www.nachgehakt.at/alpenrepublik/oskar-deutsch-es-ist-kein-affront-wenn-strache-zu-israel-steht [zugegriffen am 30.12.2018].

398 Sow, Noah (2009): Deutschland Schwarz Weiß. Der alltägliche Rassismus. München: Goldmann.

399 Wie z.B. Ogette, Tupoka (2017): Exit Racism. Rassismuskritisch denken lernen. Münster: Unrast.

400 Eine Liste von Ländern, in welchen Statistiken von staatlichen Stellen und/oder von Nichtregierungsorganisationen erhoben werden, findet sich auf der Seite des Demokratiebüros der OSZE: http://hatecrime.osce.org/what-hate-crime/bias-against-muslims [zugegriffen am 17.04.2019]. Zudem ist zu beachten, dass manche der genannten Länder zwar angeben, dass sie Fälle von antimuslimischer Hasskriminalität registrieren, die Qualität der Daten jedoch stark angezweifelt werden kann.

401 Walter, Jan D./Prange, Astrid (2018): Mit Statistiken gegen Hassverbrechen, DW, 12.03.2018, https://www.dw.com/de/mit-statistiken-gegen-hassverbrechen/a-42947896 [zugegriffen am 12.04.2019].

402 European Union Agency for Fundamental Rights (Hg.) (2017): Second European Union Minorities and Discrimination Survey. Muslims – Selected Findings, 9, https://fra.europa.eu/en/publication/2017/second-european-union-minorities-and-discrimination-survey-eu-midis-ii-muslims [zugegriffen am 12.04.2019].

403 Maybritt Illner (05.03.2015): Der Feind im eigenen Land – Wer sind die Terror-Islamisten. ZDF. YouTube, https://www.youtube.com/watch?v=GlpKftTkWO8 [zugegriffen am 27.06.2018].

404 Hart aber Fair (22.09.2014): Auf Streife für Allah – Vor welchem Islam müssen wir Angst haben? ARD. YouTube, https://www.youtube.com/watch?v=mLlVYEyQv9I [zugegriffen am 27.06.2018].

405 Maischberger (26.08.2014): Angst vor Gotteskriegern: Bedroht dieser Islam auch uns? ARD. YouTube, https://www.youtube.com/watch?v=cto6mH717QE [zugegriffen am 27.06.2018].

406 Vgl. Kolmer, Christian (20.12.2016): Kirchen und religiöse Akteure in deutschen Medien 12/2013–11/2016. MediaTenor, http://de.mediatenor.com/de/bibliothek/newsletter/1100/das-medienbild-zum-islam-treibt-die-

angst-bedford-strohm-und-papst-franziskus-setzen-positive-aktzente-fuer-ihre-kirchen [zugegriffen am 27.06.2018].

407 Du Bois, W.E.B. (2006): The Souls of Black Folk. University Park, PA: The Pennsylvania State University Press, 9.

408 Siehe dazu etwa: Rippy, Alyssa E./Newman, Elana (2006): Perceived Religious Discrimination and its Relationship to Anxiety and Paranoia Among Muslim Americans. In: Journal of Muslim Mental Health, 1:1, 5–20, 43; Samari, Goleen (2016): Islamophobia and Public Health in the United States. In: American Journal of Public Health, 106:11, 1920–1925; Martin, Mary Brigid (2015): Perceived Discrimination of Muslims in Health Care. In: Journal of Muslim Mental Health, 9:2, 41–69.

409 Vgl. Initiative für eine Diskriminierungsfreies Bildungswesen (IDB) (Hg.) (2017): Diskriminierung im österreichischen Bildungswesen. Bericht 2017, http://diskriminierungsfrei.at/wp-content/uploads/2018/06/4_58279229 25889520712.pdf [zugegriffen am 30.12.2018]; Haar, Ania (28.02.2015): Rassismus durch Pädagogen. Wiener Zeitung, https://www.wienerzeitung.at/themen_channel/integration/gesellschaft/?em_cnt=528339 [zugegriffen am 30.12.2018].

410 Vgl. Vasari, Bernd (02.06.2018): Die Wiener von morgen. Wiener Zeitung, https://www.wienerzeitung.at/themen_channel/bildung/schule/968188_Die-Wiener-von-morgen.html [zugegriffen am 30.12.2018].

411 Vgl. Çetin, Zülfukar/Wolter, Salih Alexander (2012): Fortsetzung einer »Zivilisierungsmission«: Zur deutschen Beschneidungsdebatte. In: Çetin, Zülfukar/Voß, Heinz-Jürgen/Wolter, Salih Alexander (Hg.): Interventionen gegen die deutsche »Beschneidungsdebatte«. Münster: Edition Assemblage, 15–50.

412 Vgl. Yurdakul, Gökçe (2016): Jews, Muslims and the Ritual Male Circumcision Debate: Religious Diversity and Social Inclusion in Germany. In: Social Inclusion, 4:2, 77–86.

413 Vgl. Dautović/Hafez (2018): Institutionalizing Islam in Contemporary Austria.

414 Vgl. Hafez (2017): Austrian Muslims Protest.